EGO HUGO

Ou la légende d'une lettre à travers les siècles

Par Michel VITAL LE BOSSE

L'illustration de la première de couverture représente
Victor HUGO en 1879, par Léon DONNAT (détail).

Cet ouvrage a été composé
par A.C.T. TEXTE - CAEN (14)
Tél. : 31.93.43.04.

I.S.B.N. : 2 - 905 835 - 17 - 0
I.S.S.N. : 0981 - 7786

DEJA PUBLIE AUX EDITIONS DE NEUSTRIE :

Beaux Arts :

Histoire de la Faïence de Rouen, — André Pottier

Régionalisme :

La Normandie Rurale et Ignorée (épuisé) — Edmond Spalikowski
Sur les Routes Normandes — Edmond Spalikowski
Sites et Monuments / La France à la Belle Epoque — Onésime Reclus
Tome 1 : l'Orléannais
Tome 2 : Champagne - Ardennes
Tome 3 : Côte d'Azur
Tome 4 : Basse Normandie

Sciences et Traditions :

Les grandes légendes de France — Edouard Schuré
Récits de Sorts, de Morts et d'Après Mort — Michel Vital le Bossé
Arsène Lupin contre Cagliostro — Michel Vital le Bossé
Le secret des Prêtres du Razès — Yves Lierre
Alchimie et Spagyrie — Patrick Rivière
Aux frontières de l'Au-delà — Michel Achard
L'héroïque légende de Guillaume le Conquérant — René Herval

Collection "FAMA"

Nouvelles d'exil — Martine Gasnier
110 Rue de Grenelle — Maximilien Röhmer

Catalogue sur demande

PREFACE

1985 fut, chacun le sait, "l'année Victor Hugo", commémorant le centenaire de sa mort.

Charles Renouvier avait consacré un livre à la philosophie de Victor Hugo ; et il faudrait citer également l'étude classique plus récente de Denis Saurat : Victor Hugo et les dieux du peuple. Ce serait très injuste de ne voir l'auteur de la Légende des siècles et des Misérables (pour ne citer que deux de ses oeuvres les plus célèbres) sous la seule optique du "grand écrivain", arrangeur et polisseur de phrases d'un style superbe, doublé d'un redoutable pamphlétaire politique, auteur des Châtiments et de Napoléon-le-petit.

On trouve chez Victor Hugo toute une métaphysique, singulièrement proche des gnoses et de l'ésotérisme, et bien qu'il n'ait jamais fait partie d'un ordre initiatique : si son père (le général Hugo) était franc-maçon, le poète ne le fut jamais. Et s'il se trouva tout jeune mis en rapport avec l'alchimiste Cambriel (1), il n'adhérera jamais à aucune école d'ésotérisme, ne fut le

1. C'est de ses conversations avec celui-ci que Victor Hugo tirera les connaissances alchimiques si précises qui apparaissent dans le chapitre de Notre-Dame de Paris où se trouve décrit le laboratoire que le diacre

disciple d'aucun maître de l'"occulte". Chez Hugo, c'est l'inspiration, plus le prophétisme personnel qui, (si j'ose m'exprimer ainsi) mènera toujours la danse. C'est particulièrement net dans le "spiritisme" de Victor Hugo, avec l'étrange manière dont les esprits contactés lors des fameuses séances de tables tournantes de Guernesey s'exprimaient dans le style même du poète !

On sait la force avec laquelle un René Guénon, mettant l'accent sur l'absolue nécessité d'un rattachement effectif aux traditions, stigmatisait - avec quelle vigueur - les dangers de contacts directs, sans garde-fou spirituel du psychisme humain avec des forces surnaturelles qui le dépassent. C'est tomber, irrémédiablement, dans toutes les tentations, dans tous les périls "occultistes", toutes les erreurs doctrinales possibles. Mais, là comme ailleurs, n'y aurait-il pas, malgré tout, les exceptions qui confirment la règle ?

Le message prophétique de Victor Hugo, sa métaphysique de géant altier et solitaire seraient justement ce domaine des exceptions. Non seulement un tel système a une singulière allure mais, et sans que l'auteur l'ait voulu ou recherché, on y découvrira toujours en contre-point certes d'un prodigieux espoir "moderne", le progrès indéfini, plein accord, réelle convergence avec la Tradition ésotérique.

Claude Frollo s'était aménagé dans un réduit de l'une des tours de la cathédrale.

Félicitons notre ami, Michel-Vital Le Bossé, d'avoir consacré une magistrale étude au message spirituel de Victor Hugo. C'est un modèle de travail érudit et fervent, qui va très loin en profondeur, tout en étant rédigé (ce qui ne gâte rien) en un langage demeurant simple et clair.

Serge HUTIN,
Docteur ès Lettres

EGO HUGO
ou
La légende d'une lettre
à travers les siècles

Un destin aussi prodigieux que celui de Victor Hugo, une telle puissance de création font du poète prophète et visionnaire une figure qui traverse le temps, comme sa légende traverse les siècles.

Curieuse destinée donc, qu'un Kabbaliste ou un herméneute peut lire dans sa longue méditation sur le sens des lettres et des nombres. A deux reprises notamment, Victor Hugo plonge son lecteur dans les abysses de l'au-delà, une première fois avec le mystérieux prologue à son ouvrage monumental intitulé "Notre-Dame de Paris", une seconde fois lorsqu'il tente de percer les mystères de l'après-mort en interrogeant les tables tournantes à Guernesey.

Le texte de "l'ΑΝΑΓΚΗ" exprime clairement que si la terre et le ciel passent ainsi que les cathédrales, ses écrits par contre resteront. Comme un signe indélébile de celui qui se considérait comme "l'écho sonore" d'un Dieu Créateur, sorte de "Deus Absconditus" qu'il s'amusait à débusquer et que le poète frôlait de son aile dans un acte cosmique. Les titres parlent : "La fin de Satan", "Dieu" poème inachevé, comment aurait-il pu en être autrement ?

Hugo sort de l'abîme de sa propre histoire. Autour de lui ce sont la folie et la mort qui s'abattent sur sa propre famille et son entourage. Son frère Eugène sombre dans le dérèglement mental, Adèle H, une des filles de Hugo finit sa vie internée, Emile Allise, un de ses proches amis tombe fou et Léopoldine la fille chérie de Hugo se noie dans la Seine à Villequier, alors qu'elle n'est âgée que de 19 ans. Cette plaie dans le coeur du poète ne se refermera jamais, même si la gloire fixe son étoile flamboyante au-dessus de l'oeuvre boulimique d'un créateur hors du commun. Car Victor Hugo est universel comme Pic de la Mirandole, Erasme, Nostradamus, Rabelais ou Mabillon. Le rapprochement avec Nostradamus est d'ailleurs tentant car entre ce que "prognostiquent" les Centuries et ce que disent les tables tournantes, il y a de curieuses ressemblances, tout au moins en ce qui concerne Mahomet.

Revenons aux initiales de Victor Hugo, "V.H." Le hasard existe-t-il ? Toute la question est ainsi posée. En ce qui nous concerne, nous voyons dans ces initiales un codage, un cryptogramme que nous avons fini par déchiffrer.

La devise de celui-ci, né lorsque ce siècle avait deux ans, était : "Ego Hugo", "Moi Hugo". Cette revendication de l'EGO, chez Hugo dépasse la pure mégalomanie et le culte du moi poussé jusqu'à l'idolâtrie. Ego et Hugo se font écho de façon persistante, cette construction en miroir fait ressurgir le mythe d'Orphée et le rendez-vous manqué entre le "je" et le "moi" se transforme ici en mariage que les entrelacs du dessinateur Hugo célèbrent triomphalement sur fond de ciel tourmenté.

Paul Valéry, dans ses fragments de Narcisse après vingt années de silence fait cette douloureuse constatation que le "moi" est accidentel" et le "je" "constant" ; "je est un autre" disait déjà Arthur Rimbaud. L'hugolâtrie ne vient que de certains lecteurs attardés sur les canapés défraîchis des boudoirs de province, l'hugolâtrie s'épanche également sous les lambris des grands salons du seizième où l'on se pique de littérature et de poésie lorsque les égéries déclament sous leurs longs voiles noirs avec ce que Hugo détestait dans un vers : "la petite bouche".

Foin de ces fadaises, l'essentiel est ailleurs. Nous serions tentés de voir dans les initiales "V.H.", lu selon le procédé kabbalistique de la TEMURA et du NOTARIKON et de droite à gauche comme l'Hébreu ou l'Araméen, le correspondant des lettres hébraïques ה ou ח et ו, c'est-à-dire hé ou heth et vaw. Curieuse coïncidence avec le tétragramme de YAWHE (iod, hé, vav, hé) que nul prêtre ne prononçait, car le nom de Dieu ne doit point l'être, raison pour laquelle Dieu est invoqué à travers ADONAI-AELOHIM.

La lettre (hé) (ה) en Hébreu est très proche de la lettre (ח) (het), l'étymologie de hé reste inconnue, par contre "heth" fait l'objet de controverses sémantiques.

L'hypothèse de "clôture" a été avancée mais elle s'avère erronée car elle fait référence à une racine arabe ḤWṬ et non HWT, le caractère représente quelque chose qui ressemble à un treillis. Nous savons que l'hébreu, entre autres langues, vient du sumero-akkadien qui donne ensuite le phénicien et qu'il existe un mot akkadien "Hêtu" qui signifie le "mur".

La lettre (ו) Wau ou vao ou Waw signifie comme sa forme l'indique le "clou", la "cheville" ; Jean Richer fait remarquer dans son étude sur "l'Alchimie du verbe de Rimbaud" que la forme ancienne de la lettre répond mal à son nom et que l'on pourrait, ajoute-t-il, songer au support sur lequel reposait le mât replié ou encore au soutien-nuque remplaçant l'oreiller (1).

La lettre (ה) (hé) correspond dans la numérologie sacrée au cinquième arcane, c'est-à-dire au pentagramme ou encore à l'étoile flamboyante à cinq branches qui contient la lettre G de la connaissance, c'est-à-dire de la Gnose. S'il est vrai que cette étoile-arcane représente l'homme crucifié sur la matière, il n'en reste pas moins que le pentagramme signifie la force vitale, l'unité universelle de la volonté et l'inertie du point central que l'on pourrait appeler la crucifixion-rédemption avec le nom de Jéschouah (יהשוה) c'est-à-dire de Jésus, synthèse de Yawhé (iod, hé, vaw, hé) et d'Ischraël(ישורל. S'il existe des aspects négatifs de cet arcane, tel le cône d'ombre, ceux-ci sont transformationnels et dynamiques. Origène lui-même dit qu'à la fin des Temps, thème familier de Victor Hugo, "Satan lui-même se rédemptera". Mais la formation de la capacité volitive est indissociable des applications créatives ou créatrices dans le registre de l'écrivain.

Très proche, du simple point de vue graphique, de la lettre hé (ה) est la lettre (ח) heth qui correspond au huitième arcane de la numérologie kabbalistique.

1. Jean Richer, in "l'Alchimie du verbe de Rimbaud", Orientations Didier.

C'est l'arcane de l'harmonie des forces de la nature, de la sérénité, mais aussi du sens moral et de la justice. Nous retrouvons là le Victor Hugo défenseur des Droits de l'Homme dans "Les Misérables", militant infatigable pour l'abolition de la peine de mort, tradition barbare qu'il fustige dans "Le Dernier jour d'un condamné".

Le nombre 8 c'est l'ℵ et l'Ω, la perfection et l'infini (∞). Nous retrouvons là Hugo le poète cosmique ; mais également Hugo, ayant achevé de polir les deux pierres cubiques de son oeuvre, Hugo le disciple de Thémis - en tous points - porte-flambeau de la Justice parmi les hommes. Et c'est encore Hugo, l'anti-dogmatiste. A l'instar non seulement des idées de l'Humanisme d'Erasme, mais aussi des Rose + Croix, des Huguenots et des Puritains de Cromwell (2), il s'élève contre le sectarisme "romain" qui constitue l'armature idéologique de la famille, de l'Eglise, de la propriété et de l'Etat, pour reprendre les expressions de Marx, d'Engels et de Feuerbach. Ceux-ci, d'ailleurs, sur ce point sont irréfutables, puisqu'il y a aliénation de l'homme par l'homme, sous couvert d'un machinisme moderne et commençant. Nous sommes à l'aube du Vingtième Siècle. L'harmonie des "pierres cubiques", est celle des hommes spirituellement mûrs ; là, nous retrouvons le visage patriarcal du Hugo de la fin de sa vie.

Plus prestigieux encore est le sixième arcane le (ו) vaw. Il correspond à la lettre V de Victor (Victoria : Victoire). Cet arcane

2. Voir "Préface de Cromwell" de Hugo.

est symbolisé par le Grand Pentacle de Salomon[1], qui préside à la rencontre des trois plans : mental, astral-nerveux et physique, mais aussi à la synthèse de l'Axe de la Triple Matière et de l'Axe de la Triple Lumière.

C'est le symbole des êtres évolutifs, volitifs et incarnés qui tendent vers le Démiurge ; c'est aussi le plan de l'astro-idée de l'homme fort poussé par le tourbillon astral-nerveux qui le gouverne. Les éléments conscients maîtrisent le plan inorganique.

Jacob livre un combat à l'Ange de Dieu, comme l'homme éveillé lutte contre l'Invisible pour se rendre Maître de l'univers.

Nous sommes au stade de la restitution totale de l'ADAM-KADMON c'est-à-dire de la synthèse universelle où se refait la Vie unitive perdue dans la dissociation et l'achèvement de l'Androgyne.

Ainsi, Quasimodo, la matière brute, la tourbe philosophale, va-t-il s'unir à la Esmeralda (la table d'émeraude), le laid au beau, dans l'accomplissement d'une alchimie devenue spirituelle dont Notre-Dame de Paris, grand livre des symboles, représente la demeure philosophale que seul l'oeil initié peut entrouvrir afin d'en percer le mystère.

(1) ✡

LA LETTRE H PEUT AUSSI ETRE LE SIGNE DE LA MALEDICTION

Curieuse lettre lorsque le destin ne lui est pas favorable. La lettre H résiste à l'histoire, c'est le "nec plus ultra" des Kabbalistes. Grad dans son introduction à l'étude de la Kabbale (3) entrouvre la trappe secrète qui mène aux grands arcanes de la lettre "H". Que signifie donc cette lettre lorsqu'elle place l'humanité sous le signe du maléfice ?

Nous constatons, à l'instar des nombres 539 pour l'Histoire de France et 129 pour celle de Napoléon et de Hitler que la lettre, elle-même, accomplit dans l'histoire en général, un parcours surprenant pour le profane. Rappelons qu'il existe donc deux lettres "H" en Hébreu : le "Hé", de valeur 5 qui correspond au souffle, à la vie, et le "Heth", de valeur 8 qui signifie le péché, la chute. Il existe donc une opposition.

Précisément, c'est cette même lettre "H" qui désigne HAMAN (4) le cruel bourreau des Juifs. Hérode, roi des Juifs, dit Hérode le Grand, sera l'organisateur et l'exécutant impitoyable du fameux Massacre des Innocents. Un autre Hérode, Hérode Antipas sera le juge de Jésus, cousin de Jean Baptiste, l'Essénien

3. pour comprendre la Kabbale.

4. même prononciation que l'actuelle capitale du Royaume de Jordanie Amman qui peut phonétiquement, par la racine sémantique, s'orthographier autrement.

qui baptisa le Christ. Hérode Antipas et Hérodiade sont des noms tristement célèbres. Salomé, fille d'Hérode et d'Hérodiade, exécutera une danse érotico-magique devant la cour du Roi. En récompense, elle réclamera la tête de Saint Jean le Baptiste, dont on célèbre le souvenir à la fête solsticiale d'été, le 24 juin, soit de façon symétrique par rapport au 25 décembre (solstice d'hiver), fête de la Saint Jean d'hiver (Jean l'Evangéliste). Le solstice d'hiver correspond au périgée du soleil, lorsqu'il est au plus bas de sa course avant de reprendre de l'altitude ; le solstice d'été à l'apogée de celui-ci. Mais cette montée dans le ciel est aussitôt suivie d'un déclin progressif.

Jean le Baptiste est représenté comme un personnage brun et fort, vêtu d'une peau de chameau à longs poils ; Jean l'Evangéliste comme un être doux et androgyne aux cheveux blonds et délicats.

Cette structure symbolique bifide est à rapprocher, comme les deux H, de la dualité platonicienne illustrée par l'attelage sur la voûte céleste ; c'est aussi l'histoire de SETH et d'OSIRIS, de CAIN et d'ABEL, de CASTOR et de POLLUX, les Dioscures du ciel zodiacal, les frères ennemis de l'entité primordiale.

Cependant, à la demande de Salomé, Hérode Antipas fit décapiter Jean Baptiste. Ce mythe de la tête coupée traverse les âges jusqu'à Stendhal, clôturant ainsi le destin tragique de Julien Sorel, jeune Prométhée à la quête de tous les pouvoirs, c'est-à-dire du Pouvoir.

Deux millénaires vont s'écouler pendant lesquels les Juifs seront persécutés sans relâche. De la Diaspora aux "progroms" de la Russie tzariste, de l'ilotage systématique au Ghetto de Varsovie, aucun répit, toujours et partout, le sang, les larmes et le combat inlassable pour la dignité. Même si le Golem de Gustav Meyrink est censé défendre la communauté juive, aux prises avec des forces qui les persécutent.

Un immense drap noir tombe sur l'Humanité avec l'avènement du nazisme. Le nazisme est avant tout une force "démoniaque" qui a décidé d'en finir avec le jugement de Dieu. Mus par une "volonté de puissance" qui se veut nietzschéenne, animés par cette forte affirmation de l'hégémonie universelle, le nazisme et son caporal-prophète-illuminé Adolph Hitler, préparent le "crépuscule des dieux" et la fin de l'homme du ressentiment judéo-chrétien. Aux valeurs de la résignation et de la défaite (1914-1918), les sorciers du IIIème Reich opposent le génotype aryen ; des expériences en laboratoire, dignes du "Meilleur des Mondes" d'Aldous Huxley (The brave new world) donneront de piètres résultats, allant ainsi jusqu'à la dégénérescence du soi-disant type racial.

Fanatisés par des "mages" venus d'Orient comme Trebitsch Lincoln, par des voyants spécialistes de la transe comme Hanussen, par des théoriciens comme Hörbiger, les apprentis sorciers du tristement célèbre "Groupe de Thulé" vont décréter la fin d'un certain type d'humanité.

Ceci se terminera dans les camps de la mort qui marquent l'humanité d'une tache indélébile. Ces admirateurs de Gurdjeff et des doctrines de l'Extrême-Asie se croient investis d'un pouvoir et d'une mission qui passe par la mystique du sang, le sacrifice et le massacre de millions d'innocents. La "Nuit des longs Couteaux" (purges dans les rangs nazis) et la "Nuit de Cristal" prirent ainsi leur véritable sens caché, leur dimension occulte, celle qui dans cette pratique du "catharisme de la main gauche", leur fera envoyer Otto Rahn à la recherche du Graal à Montségur, le Montsalvage de Wolfram Von Eschenbach, auteur du "Parzifal", que reprendra Wagner.

Le "H", c'est également l'initiale du nom du Führer "Hitler" accentuée par le salut "Heil". Grad, à ce propos, fait remarquer que "les mots ne tombent pas dans le vide" reprenant ainsi le célèbre adage du Zohar. Nous nous rappelons que l'avènement de Hitler intervient après la dévaluation du Deutsch Mark et la chute du vieux maréchal Hindenburg. Ce héros allemand de la première guerre mondiale était, en quelque sorte, le "Pétain" de l'Outre-Rhin, qui faisant appel à Hitler comme chancelier du Reich mettait fin à l'Allemagne de l'espoir et de la liberté, par ailleurs fortement ébranlée par les Spartakistes et l'effondrement économique.

Le chef de l'Ordre Noir S.S. s'appelle Heinrich Himmler. Le maître à penser et l'organisateur du groupe occulte de Thulé s'appelle Haushoffer, et c'est de ce cénacle que sortiront les sept fondateurs du parti "nazi" (national-socialiste) qui va imprimer sur le visage de l'Allemagne la marque du Diable. Il faut préciser que ce Haushoffer, qui fut initié dans une société secrète du Japon, était le compagnon fidèle de Gurdjeff au Tibet. Rudolf Hess devint l'assistant de Haushoffer. Heinz Haushoffer le fils de ce même "mage" va inciter Hess à se rendre en Grande-Bretagne, terre de prédilection pathologique de Goering. Hess s'y rendra sous le nom de guerre de Horn pour rencontrer le duc de Hamilton.

Un autre nom sinistre est gouverné par la lettre "H". Il s'agit de Reynardt Heydrich, le bras droit de Himmler et le chef ministre de la fameuse police secrète de Hitler, la Gestapo.

Le camp d'extermination d'Auschwitz était, lui, commandé par un certain Hoess. Toujours le "H" aussi sanglant que la hache du bourreau.

En août 1985, on annonçait officiellement la mort du docteur Mengélé, médecin tortionnaire des enfants, recherché par le Shin-Beth (service secret israélien) traquant les anciens criminels nazis, comme le firent également avec patience et efficacité les membres de la fondation Wiesenthal. Mengélé avait réussi à leur échapper en changeant d'adresse et de visage. Ce nom a maintenant valeur de symbole. Mais le grand public ignore que les plus importantes expériences médicales nazies furent menées par d'autres médecins non moins maudits, les docteurs Hippke, Hirt et Holzloehner.

Le célèbre mage Hanussen va finir ses jours comme Otto Rahn, c'est-à-dire assassiné non sur un glacier, mais dans les bois de Neuhof.

Le théoricien de la "cosmologie glaciaire" et de la "terre creuse" s'appelait Hans Horbiger. C'était un inspirateur du Führer : Hitler que l'on saluait la main tendue, en vociférant le "Heil" pour accentuer l'aspect martial de la soumission au maître absolu.

Hielscher fut le fondateur de l'Ahnenerbe, "société d'études pour l'héritage des ancêtres" qui se composait essentiellement de relations occultes avec des voyageurs ayant séjourné au Tibet, comme le célèbre aventurier-explorateur Hedin (5).

Nous pouvons remarquer que le Mikado, c'est-à-dire l'empereur du Japon, allié à Hitler, s'appelle Hiro-Hito et que c'est sur Hiroshima que fut jetée la première bombe atomique, prélude à la bombe thermonucléaire qui porte le nom de "bombe H".

L'histoire tragique de la lettre "H" ne s'arrête peut-être pas là. A une moindre échelle, nous pouvons nous demander si, associée au nom de Hugo elle ne symbolise que puissance, gloire et réussite ? Car elle est aussi synonyme de tragédie dans la

5. Hedin sera l'un des pionniers de la Route de la Soie qui part de Palmyre (Tedmor en Syrie) et va jusqu'en Chine.

propre histoire de Victor Hugo. En effet, d'une part Léopoldine Hugo, sa fille aînée, se noiera à Villequiers, à l'âge de vingt ans ; par ailleurs, ses trois fils mourront avant lui, le premier (Léopold) en bas-âge. Quant à la seconde fille Hugo, Adèle H - comme elle aimait à signer - elle tombera folle et finira ses jours internée...

Nous précisions précédemment que l'étoile noire de la folie pèsera sur toute l'existence de Hugo. Du reste, Adèle la démente est porteuse de ce "H" maléfique, face cachée de l'autre "H", que nous allons examiner à travers l'oeuvre de Victor Hugo.

LA LEGENDE D'UNE LETTRE A TRAVERS LES SIECLES : LE "H" DE VICTOR HUGO

Au même titre qu'il interroge la table après la mort de sa fille aînée, Léopoldine, Victor Hugo cherche le sens de la mort par delà les frontières de la vie, de la conscience : en deça ?

Hauteville House, prestigieuse maison de l'exil semble être le lieu magique de ces forces qui déterminent, de façon puissante, l'existence hors du commun d'un poète à la fois prophète et visionnaire.

Pourquoi l'omniprésence de cette lettre "H" initiale d'un lieu, mais aussi d'une destinée ?

Avec la lettre "H" nous sommes à Guernesey dans le mystérieux logis hugolien de Hauteville House. A Guernesey, il va, d'ailleurs, modeler (c'est le mot le plus exact) cette demeure. Hubert Juin affirme : "Comme le dira son fils Charles, cette maison appartient à son oeuvre" (1). Et de fait, elle s'intègre, comme ses dessins et ses peintures, à son oeuvre.

Nous savons en effet, que le vestibule de Hauteville House (deux fois "H") est consacré à Notre-Dame de Paris, dans laquelle Victor Hugo voyait, considérant le porche et les deux tours, la lettre "H" de son propre nom. Notre-Dame de Paris est une

1. Magazine "Phosphore" (janvier 1985). Voir article Hubert Juin.

oeuvre visionnaire, où Hugo précise au lecteur que son livre traversa le temps à l'instar de la Bible. La magistrale lettre "H" à l'entrée de Hauteville est en faïence bleue. Il existe également un fameux fauteuil des ancêtres où nul ne peut s'asseoir, comme dans le siège périlleux du Roi Arthur. Ce fauteuil est frappé aux armes des Hugo de Lorraine ainsi qu'à celles du Général Hugo, son propre père.

Cette constante de la lettre "H" nous la retrouvons dans "Les Travailleurs de la Mer". Victor Hugo nous montre le bateau de Gilliat, la "Durande". Ce navire se trouve pris à un moment donné entre les dents des écueils des Douvres. Victor Hugo remarque alors que le bâtiment immobilisé entre les deux roches, dessine la lettre "H", symbole de la puissance des signes du destin.

En fait, comme en Kabbale phonétique, "H" et "Hache" se confondent. Pour le militant acharné en faveur de l'abolition de la peine de mort que fut Victor Hugo, la hache rappelle celle du bourreau, survivance insupportable au poète d'une pratique des temps barbares. La décollation de Louis XVI est une tache de sang aussi indélébile sur les mains des républicains que celle des massacres de septembre, lorsque la hache des "Septembrards" fit jaillir le sang sur les murs.

Etre pour l'abolition de la peine de mort et défendre les Droits de l'Homme avec un "H" en 1830, c'est aussi être visionnaire !

Une vie ne suffirait pas à lire Victor Hugo ; pas seulement à le lire, mais encore à le comprendre.

Qu'André Gide, alors qu'on lui demandait quel était pour lui le plus grand poète de langue française, ait répondu : "Hugo hélas" constitue en soi, paradoxalement, un signe supplémentaire.

Ce soupir gidien moralise la redondance du "H", qui ne fait pas la petite bouche, pour se glisser par une porte étroite mais qui, au contraire pousse d'un suprême élan sa puissante verticalité vers l'éther. Hubert Juin, non sans une grande finesse d'esprit, s'amuse à renverser la formule de Gide pour en faire un : "Hugo heureusement", sonnant avec tant de pertinence que ce pourrait être le mot de la fin... Car Hugo représente une totalité de dimension humaine ; tous les aspects de son oeuvre étonnante par la hauteur des points de vue s'y trouvent exprimés. Chaque vers libère le chant du monde. L'élément le plus invisible prend sa place dans l'infini. L'Eternité habite l'océan du rêve. Les dieux sur la montagne murmurent. L'abîme se creuse. Dieu se plaint à l'homme de sa propre solitude.

Ecouter la "Neuvième Symphonie" de Ludwig van Beethoven, lire "La Légende des Siècles" en regardant passer les Djinns, fredonner avec Gavroche sous les balles, vibrer avec Quasimodo sur le bourdon de Notre-Dame de Paris, demandent une qualité d'âme, la plus forte, celle qui consiste à être capable de s'émouvoir. Devant le Beau, non simplement au sens platonicien, mais celui qui devient la "splendeur du terrible", pour reprendre l'expression du poète Rilke, il faut savoir vibrer.

HUGO, UN VISIONNAIRE PROPHETE DE LA LIBERTE ET DE LA DIGNITE HUMAINE

L'église catholique romaine qui maintenant exalte les Droits de l'Homme, conquête de la République, était beaucoup plus silencieuse au siècle dernier, où son grand souci de maintenir le dogme contre le progrès scientifique et les grandes découvertes la fit s'engager dans une politique de concordat, pure et dure. En effet, il devint très difficile après les travaux de paléontologie de Darwin et de Cuvier, de soutenir qu'Adam et Eve avaient été le premier homme et la première femme. Se trouvait ainsi posé à l'église pour expliquer la descendance, le problème du monogénisme ou du polygénisme. Il fallait à tout prix que le dogme gardât une apparence scientifique et que la Chute Originelle restât la clef de voûte de l'ensemble des autres enseignements qui s'y rapportent.

Par ailleurs, avec la montée de la société industrielle, la condition ouvrière, assortie d'aucun droit, baigne dans la misère sordide des banlieues où la pauvreté et le crime flânent comme une ombre sur l'humanité.

Le prolétariat - étymologiquement qui n'a que sa descendance comme propriété - enchaîné aux moyens de production vend sa force de travail pour un morceau de pain noir, tandis que la bourgeoisie se prélasse sous les lambris avec la bénédiction des représentants de l'Eglise, plus soucieux de paraître que d'être. Stendhal dépeint admirablement le jeune évêque d'Agde qui, au comble de son dandysme, fait de longues poses devant la glace où, il s'exerce à bénir en calculant avec coquetterie l'inclination de sa mitre... Très important pour un évêque ! Pendant ce temps, les enfants meurent à sept, huit, ou dix ans dans les mines.

Les députés à l'Assemblée Nationale - dont Victor Hugo - qui parlaient alors du travail des enfants et de l'immense misère physique et morale des pauvres, se comptent alors sur les doigts d'une seule main. La droite du XIXème siècle attaquera Hugo avec une rare véhémence. Que l'on se souvienne que Jean Valjean sera envoyé au bagne parce qu'il avait faim et qu'il avait volé un pain pour s'arracher la faim du corps.

Quel crime odieux que d'avoir faim ! "Les Misérables" préfigurent en notre temps, le drame existentiel, que l'on retrouve dans la "Peste" d'Albert Camus et "La Condition humaine" d'André Malraux. Mais Hugo fut également Pair de France sous la Monarchie de Juillet. Montant à la tribune de la Chambre des Pairs en 1847, il prononça cet étonnant discours (pour l'époque) sur le travail des enfants :

> "L'industrie a créé des espèces de monstres qui vivent presque, et qui se meuvent avec une puissance énorme et réglée, comme s'ils entendaient, comme s'ils voyaient. Pourtant pour que la vie soit complète, il faut des âmes à ces machines. On prend des enfants. Pourquoi des enfants ? Messieurs, l'industrie calcule

> tout. Il faut des âmes qui tiennent peu de place, qui mangent peu, et qui ne coûtent pas cher." (1)

On retrouve dans ce texte toutes les objurgations que Proudhon et surtout Marx dans le Livre 1 du Capital, vont proférer contre l'aliénation de l'homme par l'homme et contre le machinisme qui enchaîne l'ouvrier à l'outil de production, que le capitalisme utilise pour lui arracher sa force de travail en s'enrichissant de plus-value.

En ce qui concerne les Droits de l'Homme, de la femme et de l'enfant, Hugo lance cette phrase éclatante :

> "Un peuple s'augmente de tous les hommes qu'il affranchit." (2)

Victor Hugo, travailleur infatigable ne désarme pas. Ainsi, en 1875, solennellement il rappelle à l'opinion que les fondements du droit et de la société s'appuient sur le respect de la liberté et de la dignité humaine :

> "Le problème est posé, il faut le résoudre ; qui porte sa part du fardeau, doit avoir sa part du droit ; une moitié de l'espèce humaine est hors de l'égalité, il faut l'y faire rentrer. Ce sera l'une des grandes gloires de notre siècle : donner pour contre-poids au droit de

1. Discours prononcé à la Chambre des Pairs en 1847.
2. Seconde lettre d'Espagne, 1868.

> l'Homme, le droit de la femme, c'est-à-dire mettre les lois en équilibre avec les moeurs." (3)

Voici donc en quelques phrases, esquissé l'espace des libertés nécessaires à l'épanouissement des hommes, des femmes et des enfants, dans une société digne de ce nom. Hugo prend également une position très nette en faveur de la laïcité de conscience en dehors de tout endoctrinement pernicieux. Voici ce qu'il dit en 1850 à l'Assemblée Législative.

> "Partout où il y a un champ, partout où il y a un esprit, qu'il y ait un livre. Pas une commune sans école, pas une ville sans un collège, pas un chef-lieu sans une faculté. Un vaste ensemble, ou, pour mieux dire, un vaste réseau d'ateliers intellectuels, lycées, gymnases, collèges, chaires, bibliothèques, mêlant leur rayonnement sur la surface du pays, éveillant partout les aptitudes et échauffant partout les vocations. En un mot, l'échelle de la connaissance humaine dressée fermement par la main de l'Etat, posée dans l'ombre des masses les plus profondes et les plus obscures, et aboutissant à la lumière." (4)

Hugo pourfendeur de l'injustice est intarissable. Son combat pour l'abolition de la peine de mort le dote d'une force inépuisable. L'origine de cette aversion pour la peine capitale est

---

3. 1875.

4. Discours sur la liberté de l'enseignement. Assemblée Législative (1850).

lointaine. Elle prend racine dans l'enfance. Bien des exécutions soulevèrent son indignation. Evoquant l'instrument monstrueux il s'écriera : "La guillotine, c'est toujours avec répugnance qu'on écrit ce mot hideux". Deux poèmes intitulés "l'échafaud" intensifient cette dimension de l'horreur et du dégoût. Un se trouve dans la "Légende des Siècles".

"... Qu'est-ce donc qu'il nous veut, l'échafaud,
Cette charpente spectre accoutumée aux foules,
Cet îlot noir qu'assiège et que bat de ses houles
La multitude aux flots inquiets et mouvants,
Ce sépulcre qui vient attaquer les vivants,
Et qui, sur les palais ainsi que sur les bouges,
Surgit, levant un glaive au bout de ses bras
rouges ?..."

L'autre poème, dans les "Quatre vents de l'esprit" est tout aussi imprégné d'émotion douloureuse et de poignante révolte :

[...]
La hâche ? Non. Jamais. Je n'en veux pour personne.
Pas même pour ce czar devant qui frissonne,
Pas même pour ce monstre à lui même fatal.
Qui supprime Tyburn abolit White-Hall ;
Et quand la mort, ouvrant son désastreux registre,
Me dit : - Que jettes-tu dans ce panier sinistre ?
Ou la tête du peuple, ou la tête du roi ? -
Je dis : - Ni celle-ci, ni celle-là. - Ma loi,
C'est la vie ; et ma joie, ô Dieu, c'est l'aube pure.

Je ne suis pas de ceux qui font la pourriture ;
Je ne suis pas ce deux qui donnent à manger
Au sépulcre, où l'on voit ramper et s'allonger
L'affreux sarcopte éclos du miasme délétère ;
Je ne suis pas de ceux vers qui les vers de terre,
Béants, tournent leur tête aveugle dans la nuit.
[...]
22 mai 1870

En 1829, Victor Hugo publie "Le dernier jour d'un condamné", réquisitoire cinglant contre la peine de mort. Le souvenir de l'exécution de Ulbach, celle de Louis Camus l'incendiaire, soulèvent le coeur de Victor Hugo. Le bourreau Sanson et la place de Grève défilent sous ses yeux comme une vision de plasma et de cauchemar. Quant à la trilogie macabre : prêtre-roi-bourreau, Hugo la renvoie au musée de l'Histoire où rôdent les ombres. Ce qui n'empêche pas Victor Hugo de décrire en 1840 dans "Choses vues" avec un réalisme saisissant l'exécution de Louis XVI, tache de sang sur les mains de la République. Beaucoup de partisans de la peine de mort restent silencieux lorsqu'on évoque le supplice de Louis XVI.

Cette condamnation de la violence aveugle, même légitimée par un processus de changement de l'histoire, n'empêchera pas Victor Hugo de s'écrier :

"... Oui, pour être frères du misérable, du fellah, du prolétaire, du déshérité, de l'exploité, du trahi, du vainmcu, du vendu, de l'enchaîné, du sacrifié, de la prostituée, du forçat, de l'ignorant, du sauvage, de l'esclave, du nègre, du condamné et du damné, oui nous sommes tes fils, Révolution."

C'est ce que l'on pourrait appeler une conscience à la hauteur de l'humaine condition.

LE POETE VISIONNAIRE AUX MILLE REGARDS

Il serait très inconvenant de parler de Victor Hugo sans évoquer son oeuvre poétique. C'est de ce lieu que part le véritable discours de Victor Hugo sur l'Histoire. On a souvent tort d'enfermer la production littéraire dans un genre spécifique. En effet, la dramaturgie sociale des "Misérables", le lyrisme désespéré de Quasimodo et la pureté de la Esmeralda résonnent au ciel poétique de l'univers hugolien avec la même intensité que "Dieu" ou "La fin de Satan". Hugo poète est à considérer comme une conscience du tout, mais en même temps de la partie, du détail, où son regard se perd le temps d'une méditation. Autant d'oeuvres à venir ! La souffrance humaine - pour ne pas dire trop humaine - murmure dans le silence du recueillement, lorsque les souvenirs ou les noms des êtres aimés remontent avec leur tiède opalescence de l'alcôve du songe. C'est l'heure du recueillement lorsque la présence invisible tamise la lumière où le poète est un homme penché avec comme seule raison suprême un rêve d'éternité.

ODE TREIZIEME

SON NOM

Nomen, aut numen

Le parfum d'un lis pur, l'éclat d'une auréole,
La dernière rumeur du jour,
La plainte d'un ami qui s'afflige et console,
L'adieu mystérieux de l'heure qui s'envole,
Le doux bruit d'un baiser d'amour ;

L'écharpe aux sept couleurs que l'orage en la nue
Laisse, comme un trophée, au soleil triomphant,
L'accent inespéré d'une voix reconnue,
Le voeu le plus secret d'une vierge ingénue,
Le premier rêve d'un enfant,

Le chant d'un choeur lointain, le soupir qu'à l'aurore
Rendait le fabuleux Memnon,
Le murmure d'un son qui tremble et s'évapore...
Tout ce que la pensée a de plus doux encore.
O lyre ! est moins doux que son nom !

Prononce-le tout bas, ainsi qu'une prière,
Mais que dans tous nos chants il résonne à la fois !
Qu'il soit du temple obscur la secrète lumière !
Qu'il soit le mot sacré qu'au fond du sanctuaire
Redit toujours la même voix !

O mes amis ! avant qu'en paroles de flamme,
Ma muse, égarant son essor,
Ose aux noms profanés qu'un vain orgueil proclame,
Mêler ce chaste nom, que l'amour dans son âme
A caché comme un saint trésor,

Il faudra que le chat de mes hymnes fidèles
Soit comme un de ces chants qu'on écoute à genoux ;
Et que l'air soit ému de leurs voix solennelles,
Comme si, secouant ses invisibles ailes,
Un ange passait près de nous !

1823.

De ce crépuscule où naissent l'acte pur et le geste auguste du créateur, flamboie un amour fou. Un refrain le pondère avec son mètre court, où le Verbe reprend ses lettres de noblesse. Un certain regard, une mélancolie sous un ciel pur et sans tache, de la mezzanine partent des soupirs alanguis au chant pointilleux des guitares attardées :

LES RAYONS ET LES OMBRES

GUITARE

Comment, disaient-ils,
Avec nos nacelles,
Fuir les alguazils ?
- Ramez, disaient-elles.

Comment, disaient-ils,
Oublier querelles,
Misère et Périls ?
- Dormez, disaient-elles.

Comment, disaient-ils,
Enchanter les belles
Sans philtres subtils ?
- Aimez, disaient-elles.

A ces accents du jour fatigué, se mêlent les harmonies du soir. Le crépuscule, thème favori des romantiques, effeuille ses pétales dans la solitude moite des vérandas. Hugo parle au vent, à l'oiseau, à la fleur, comme les antiques poètes latins et grecs des Odes se confient à la nature, au soir des grands combats. Le poète, à travers cette nature, de même que Pétrarque apercevant Laure de Noves, s'écrie : "J'ai dit aux astres d'or : versez le ciel sur elle ! Et j'ai dit à vos yeux : versez l'amour sur nous !".

Ce sont les véritables accents des "Contemplations", lorsque l'amour et la mort unissent leur bouche d'ombre tel, nous semble-t-il dans ce morceau :

HIER AU SOIR

Hier, le vent du soir, dont le souffle caresse,
Nous apportait l'odeur des fleurs qui s'ouvrent tard ;
La nuit tombait ; l'oiseau dormait dans l'ombre
épaisse.
Le printemps embaumait, moins que votre jeunesse ;
Les astres rayonnaient, moins que votre regard.

Moi, je parlais tout bas. C'est l'heure solennel
Où l'âme aime à chanter son hymne le plus doux.
Voyant la nuit si pure et vous voyant si belle,
J'ai dit aux astres d'or : versez le ciel sur elle !
Et j'ai dit à vos yeux : versez l'amour sur nous !

Mai 18...

Déjà, en 1825, dans sa Xème Ballade, à travers "La Chanson du fou", Hugo évoquait ce thème du soleil couchant et de la solitude du poète : "Toi qui vas cherchant / fortune / Prends garde de choir ; / La terre, le soir, / est brune.". Hugo ajoute quelques strophes plus loin :

"Voyageur isolé qui t'éloignes si vite, [...]
"Où mènes-tu si tard ton cheval résigné"

Cette destinée solitaire du héros romantique lui donne toute sa qualité visionnaire, Hernani proclame son destin en peu de mots, ils sont irréversibles : "Je suis une force qui va", ce qui accentue en le transformant complètement l'acte volitif du héros cornélien, notamment lorsque l'empereur Octave-Auguste dans Cinna prétend à la royauté universelle de la volonté triomphante en s'écriant

"Je suis maître de moi, comme de l'univers
"Je le suis, je veux l'être [...]."

"L'esprit pur" de Vigny, le devenir solitaire de Chatterton, l'orgueil suicidaire de Julien Sorel, prototype de Meursault dans "L'Etranger" de Camus, sont autant de revendications profondes du "moi" pris comme objet expérimental de l'écriture ; ceci longtemps après Montaigne, Pascal et Rousseau. L'homme n'est donc qu'un voyageur qui, dans les rythmes saisonniers et cosmiques découvre sa propre intériorité :

BALLADE DIXIEME
A UN PASSANT

Au soleil couchant
Toi qui vas cherchant
Fortune,
Prends garde de choir ;
La terre, le soir,
Est brune.
L'océan trompeur
Couvre de vapeur
La dune.
Vois ; à l'horizon ;
Aucune maison !
Aucune !

Maint voleur te suit ;
La chose est, la nuit,
Commune.
Les dames des bois
Nous gardent parfois
Rancune.
Elles vont errer ;
Crains d'en rencontrer
Quelqu'une.
les lutins de l'air
Vont danser au clair
De lune.

La Chanson du fou.

Voyageur, qui, la nuit, sur le pavé sonore
De ton chien inquiet passes accompagné,
Après le jour brûlant, pourquoi marcher encore ?
Où mènes-tu si tard ton cheval résigné ?

La nuit ! - Ne crains-tu pas d'entrevoir la stature
Du brigand dont un sabre a chargé la ceinture ?
Ou qu'un de ces vieux loups, près des routes rôdants,
Qui du fer des coursiers méprisent l'étincelle,

D'un bond brusque et soudain s'attachant à ta selle,
Ne mêle à ton sang noir l'écume de ses dents ?

Ne crains-tu pas surtout qu'un follet à cette heure
N'allonge sous tes pas le chemin qui te leurre,
Et ne te fasse, hélas ! ainsi qu'aux anciens jours,
Rêvant quelque logis dont la vitre scintille
El le faisan, doré par l'âtre qui pétille,
Marcher vers des clartés qui reculent toujours ?

Crains d'aborder la plaine où le sabbat s'assemble,
Où les démons hurlants viennent danser ensemble ;
Ces murs maudits par Dieu, par Satan profanés,
Ce magique château dont l'enfer sait l'histoire,
Et qui, désert le jour, quand tombe la nuit noire,
Enflamme ses vitraux dans l'ombre illuminés !

Voyageur isolé, qui t'éloignes si vite,
De ton chien inquiet la nuit accompagné,
Après le jour brûlant, quand le repos t'invite,
Où mènes-tu si tard ton cheval résigné ?

C'est cela l'histoire du pasteur d'Egypte et du saltimbanque qui du Caravage à la "Maison du Berger" de Vigny nous amènent à Van Gogh et à Guillaume Appolinaire, deux grands "suicidés de la société" pour reprendre l'expression d'Antonin Artaud. Les poètes ne seraient-ils que des grands oiseaux blessés, des albatros, des pèlerins du cosmos ? Voici donc leur suprême vérité au fond des grands autels et des falaises avivées par l'extase. Etretat revêt la force des éléments conjugués. Alors le poème éclate au-dessus des embruns :

Un jour que mon esprit de brume était couvert,
Je gravis lentement la falaise au dos vert,
Et puis je regardai, quand je fus sur la cime.
Devant moi l'air et l'onde ouvraient leur double abîme.
Quelque chose de grand semblait tomber des cieux.
Le bruit de l'océan, sinistre et furieux,
Couvrait de l'humble port des rumeurs pacifiques.
Le soleil, d'où pendaient des rayons magnifiques,
A travers un réseau de nuages flottants
S'épandait sur la mer qui brillait par instants.
Le vent chassait les flots où des formes sans nombre
Couraient. Des vagues d'eau berçaient des vagues d'ombre.
L'ensemble était immense et l'on s'y sentait Dieu.

"Carnet de voyage de 1836"

Nous avons choisi de ne pas nous limiter à répertorier les temps forts des fragments poétiques de Victor Hugo de façon purement chronologique. Nous savons par ailleurs, ce que le poète faisait de la chronologie, il suffit de relire les manuscrits du "Dernier jour d'un condamné" pour approuver les manipulations qu'il effectuait sur les dates et la mise en chapître.

Les oeuvres de la fin et celles du début se valent. Ainsi méritent-elles plus d'un classement thématique que d'un souple classement périodique.

Nous avons placé le héros et le devin sous le signe du drame. Il en est un qui l'affecte plus que tout autre, c'est la mort de Léopoldine et de son mari à Villequier. Hanté par la mort, Hugo vint interroger l'en-haut après avoir paré son temple intérieur du décor mortuaire le plus souple et le plus approprié aux grandes douleurs devenues muettes.

Dans les "Contemplations" Hugo, seul, ira se recueillir sur la jeune tombe, désespéré, avec la dignité des offrandes ultimes, celle d'un père à sa fille adorée : Léopoldine.

Demain, dès l'aube, à l'heure où blanchit la campagne,
Je partirai. Vois-tu, je sais que tu m'attends,
J'irai par la forêt, j'irai par la montagne,
Je ne puis demeurer loin de toi plus longtemps.

Je marcherai les yeux fixes sur mes pensées,
Sans rien voir au dehors, sans entendre aucun bruit,
Seul, inconnu, le dos courbe, les mains croisées,
Triste, et le jour sera pour moi comme la nuit.

Je ne regarderai ni l'or du soir qui tombe,
Ni les voiles au loin descendant vers Harfleur, (1)

---

1. En fait il s'agit de Barfleur, petit port de la côte du Cotentin.

Et quand j'arriverai, je mettrai sur ta tombe
Un bouquet de houx vert et de bruyère en fleur.

A travers ce don, le sacré et le profane se rejoignent comme dans les plus beaux poèmes de Ronsard qui déplore la mort de la jeune Marie, ou encore sous la plume de Malherbe, le poète caennais lorsqu'il écrit à Mr du Périer pour la mort de sa fille. Dans ces deux oeuvres, le symbole de la rose, comme chez Jean de Meung et Guillaume de Lorris, signifie la pureté et l'immortalité.

Dans son poème, Hugo allie le houx vert, symbole de l'hiver, et la bruyère en fleur, symbole du printemps et de l'été. Il veut montrer que la périodicité cyclique des saisons traduit la succession du temps à travers la vie et la mort.

Le temps de la souffrance n'est pas pour autant celui de l'oubli. "L'année terrible" fait sortir Hugo de sa réserve, car ce sont les enfants du peuple, fils de la misère qu'on assassine au nom de la raison d'état et de l'ordre bourgeois. Et dans chaque enfant, c'est la liberté, la vie qu'on assassine. Hugo, poignant, sait parler à la sensibilité étouffée. Il évoque à travers "La Barricade" le tremplin qui mène à la liberté. C'est pour cette raison que l'on tue d'abord les enfants parce qu'ils sont purs :

LA BARRICADE

Sur une barricade, au milieu des pavés
Souillés d'un sang coupable et d'un sang pur lavés,
Un enfant de douze ans est pris avec des hommes.
"Es-tu de ceux-là, toi ?" L'enfant dit : "Nous en sommes.
- C'est bon, dit l'officier, on va te fusiller.
Attends ton tour." L'enfant voit des éclairs briller,
Et tous ses compagnons tomber sous la muraille.
Il dit à l'officier : "Permettez-vous que j'aille
Rapporter cette montre à ma mère chez nous.
- Tu veux t'enfuir ? - Je vais revenir. - Ces voyous
Ont peur ! Où loges-tu ? - Là, près de la fontaine.
Et je vais revenir, monsieur le Capitaine.
- Va-t'en, drôle !" L'enfant s'en va. Piège grossier !
Et les soldats riaient avec leurs officiers.
Et les mourants mêlaient à ce rire leur râle ;
Mais le rire cessa, car soudain l'enfant pâle,
Brusquement reparu, fier comme Viala,
Vint s'adosser au mur et leur dit : Me voilà."

La mort stupide eut honte, et l'officier fit grâce.

Et c'est encore cette pureté qui fait sourire les intellectuels blasés lorsque Victor Hugo, survivant d'une famille décimée par les tragédies, s'extasie sur la beauté fleurie, chargée de promesses de ses petits-enfants. Le ridicule passe alors dans le camp de l'insensibilité. Hugo, dans cette affaire n'a pas pris une ride :

L'ART D'ETRE GRAND-PERE

X

<u>Enfants, oiseaux et fleurs</u>

J'aime un groupe d'enfants qui rit et qui s'assemble ;
J'ai remarqué qu'ils sont presque tous blonds, il semble
Qu'un doux soleil levant leur dore les cheveux.
Lorsque Roland, rempli de projets et de voeux,
Etait petit, après l'escrime et les parades,
Il jouait dans les champs avec ses camarades
Raymond le paresseux et Jean de Pau ; tous trois
Joyeux ; un moine un jour, passant avec sa croix,
Leur demanda, c'était l'abbé de la contrée :
- Quelle est la chose, enfants, qui vous plaît déchirée ?
- La chair d'un boeuf saignant, répondit Jean de Pau.
- Un livre, dit Raymond. Roland dit : - Un drapeau.

7 octobre 1846

Après tout aimer est un droit souverain et naturel, même si le discours amoureux est aujourd'hui d'une extrême solitude - pour reprendre Roland Barthes dans les "Fragments d'un discours amoureux". Amoureux de la vie, de la femme, de la liberté, des enfants, amoureux comme Marcel Proust, des sensations les plus fines de la petite enfance, là où pour reprendre Baudelaire : "Le génie est l'enfance retrouvée à volonté". Amoureux de ces chers disparus que l'on ne reverra plus, quoi de plus légitime face à l'absurdité de la Bouche d'Ombre qui nous engloutit, écoutons l'au-delà :

A des âmes envolées.

Ces âmes que tu rappelles,
Mon coeur, ne reviennent pas.
Pourquoi donc s'obstinent-elles,
Hélas, à rester là-bas ?

Dans les sphères éclatantes,
Dans l'azur et les rayons,
Sont-elles donc plus contentes
Qu'avec nous qui les aimions ?

Nous avions sous les tonnelles
Une maison près Saint-Leu.
Comme les fleurs étaient belles !
Comme le ciel était bleu !

Parmi les feuilles tombées,
Nous courions au bois vermeil ;
Nous cherchions des scarabées
Sur les vieux murs au soleil ;

On riait de ce bon rire
Qu'Eden jadis entendit,
Ayant toujours à se dire
Ce qu'on s'était déjà dit ;

Je contais la Mère l'Oie ;
On était heureux, Dieu sait !
On poussait des cris de joie
Pour un oiseau qui passait. (2)

Déjà en 1825, très jeune poète, Victor Hugo célébrait dans ses odes, ce grand mythe que Clément Marot intitulait : "L'Adolescence Clémentine", titre d'un de ses plus prestigieux recueils. Victor Hugo, une fois de plus, s'inscrit dans la dimension de la fuite du temps, de ce temps qui tue et qui dévore de façon irréversible. C'est ce qu'il exprime "A une jeune fille", dès 1845, dans ses odes :

ODES (3)

A UNE JEUNE FILLE

Pourquoi te plaindre, tendre fille ? Tes jours n'appartiennent-ils pas à la première jeunesse ?

(Daïno Lithuanien)

Vous qui ne savez pas combien l'enfance est belle,
Enfant ! n'enviez point notre âge de douleurs,
Où le coeur tour à tour est esclave et rebelle,
Où le rire est souvent plus triste que vos pleurs.

2. L'Art d'être grand-père, XIV.

3. Ode dix-septième.

Votre âge insouciant est si doux qu'on l'oublie !
Il passe, comme un souffle au vaste champ des airs,
Comme une voix joyeuse en fuyant affaiblie,
Comme un alcyon sur les mers.

Oh ! ne vous hâtez point de mûrir vos pensées !
Jouissez du matin, jouissez du printemps ;
Vos heures sont des fleurs l'une à l'autre enlacées ;
Ne les effeuillez pas plus vite que le temps.

Laissez venir les ans ! Le destin vous dévoue,
Comme nous, aux regrets, à la fausse amitié,
A ces maux sans espoir que l'orgueil désavoue,
A ces plaisirs qui font pitié.

Riez pourtant ! du sort ignorez la puissance ;
Riez ! n'attristez pas votre front gracieux,
Votre oeil d'azur, miroir de paix et d'innocence,
Qui révèle votre âme et réfléchit les cieux !

Février 1825.

S'il est vrai que le crépuscule et le soleil couchant marquent la vision poétique des bornes du temps qui s'achève, en contrepartie, le matin traduit cette reviviscence de la lumière et du son ; spectacle en cascade, à l'image de la vie qui déferle, le chant des coqs (réminiscence puisque liturgique, du moins pastorale) et celui des oiseaux se mêlent au staccato des chevaux. Au loin, le martèlement de la forge durcit le panorama sonore et un steamer, intersigne du départ, adoucit l'atmosphère. Victor Hugo dans "L'Art d'être grand-père" (XI) décrit par "Les Fenêtres ouvertes" l'ambiance du matin et du réveil lorsque tout renaît après les affres de la nuit.

Ce poème, chargé de correspondances et de contrastes flagrants annonce l'unanimisme d'un Jules Romains en même temps que l'intimisme d'un Albert Samain. La fenêtre permet l'évasion hors de l'espace et du temps.

Ce temps qu'il va falloir sonder avec les hauts procédés de la magie cérémoniale ou poétique :

FENETRES OUVERTES

Le matin - En dormant

J'entends des voix. Lueurs à travers ma paupière,
Une cloche est un branle à l'église Saint-Pierre.
Cris des baigneurs. Plus près ! plus loin ! non, par ici !
Non, par là ! Les oiseaux gazouillent. Jeanne aussi.
Georges l'appelle. Chant des coqs. Une truelle
Racle un toit. Des chevaux passent dans la ruelle.
Grincement d'une faux qui coupe le gazon.
Chocs. Rumeurs. Des couvreurs marchent sur la maison.
Bruits du port. Sifflement des machines chauffées.
Musique militaire arrivant par bouffées.

Brouhaha sur le quai. Voix françaises. Merci.
Bonjour. Adieu. Sans doute il est tard, car voici
Que vient tout près de moi chanter un rouge-gorge.
Vacarme des marteaux lointains dans une forge.
L'eau clapote. On entend haleter un steamer.
Une mouche entre. Souffle immense de la mer. (4)

Et si le temps était cyclique ? Alors quoi de plus fort pour traduire ce sentiment profond du retour du même et de l'autre que l'ancienne ballade ou la ronde du temps jadis.

En cette matière, comme en tant d'autres, Hugo excelle, avec la même intensité que François Villon ou Clément Marot. Rien d'étonnant puisque le maître d'oeuvre s'appelle Victor Hugo. Il faut se laisser porter par ce chant extrait des "Contemplations".

VIEILLE CHANSON DU JEUNE TEMPS

Je ne songeais pas à Rose ;
Rose au bois vint avec moi ;
Nous parlions de quelque chose,
Mais je ne sais plus de quoi.

J'étais froid comme les marbres ;
Je marchais à pas distraits ;

4. L'Art d'être grand-père (XI).

Je parlais des fleurs, des arbres ;
Son oeil semblait dire : Après ?

La rosée offrait ses perles,
Le taillis ses parasols ;
J'allais ; j'écoutais les merles,
Et Rose les rossignols.

Moi, seize ans ; et l'air morose.
Elle vingt ; ses yeux brillaient.
Les rossignols chantaient Rose
Et les merles me sifflaient.

Rose, droite sur ses hanches,
Leva son beau bras tremblant
Pour prendre une mûre aux branches ;
Je ne vis pas son bras blanc.

Une eau courait, fraîche et creuse,
Sur les mousses de velours ;
Et la nature amoureuse
Dormait dans les grands bois sourds.

Rose défit sa chaussure,
Et mit, d'un air ingénu,
Son petit pied dans l'eau pure ;
Je ne vis pas son pied nu,

Je ne savais que lui dire ;
Je la suivais dans le bois,

La voyant parfois sourire
Et soupirer quelquefois.

Je ne vis qu'elle était belle
Qu'en sortant des grands bois sourds.
- Soit ; n'y pensons plus ! dit-elle.
Depuis j'y pense toujours. (5)

Paris, Juin 1831

Comment ne pas percevoir à travers cette diversité poétique, le drame du temps et de la mort qui poussera le poète à l'ultime interrogation faustienne de l'après-mort. Mort as-tu un sens ? Alors parle ! Voilà ce qui pourrait exprimer l'entreprise prométhéenne d'un génie hors du temps. Et ces mots il ne les a jamais épelés. Tout porte à croire qu'il n'a jamais cessé de les vivre.

5. Contemplations (XIX).

HUGO ET LA TABLE PARLANTE
LA FIGURE D'UN NOSTRADAMUS A L'AUBE DU 3ème MILLENAIRE

Un très important ouvrage a été réalisé autour de la peine des "Ecrits sur la peine de mort" de Victor Hugo par Raymond Jean. Cet ouvrage a été édité par Hubert Nyssen à une période où le débat sur ce sujet s'enlisait à l'Assemblée Nationale. Nous sommes alors en 1979. Avec courage et ténacité, faisant fi de tout électoralisme, le candidat à la magistrature suprême, M. François Mitterrand annonce clairement pendant sa campagne qu'il abolira la peine de mort. Sitôt nommé Garde des Sceaux, Robert Badinter dépose devant l'Assemblée un projet de loi qui tient en ces quelques mots : "la peine de mort est abolie". Nous sommes cette fois-ci en 1981 et le Palais Bourbon est devenu une fourmilière de nouveaux et jeunes députés à très haute majorité socialiste. L'ensemble de la majorité et un grand nombre de députés de l'opposition de droite adoptent le projet de loi Badinter. Ce jour-là, la guillotine est jetée aux oubliettes de l'histoire, ce jour-là le bourreau Sanson, la Place de Grève ont perdu le combat.

Hugo est bien vivant et le Panthéon où l'homme à la rose est descendu se recueillir, vibre dans son silence de marbre de la mémoire de l'éternité. Le déferlement des passions partisanes de la peine ancestrale ira jusqu'à la perte de raison, jusqu'au plus total aveuglement.

Curieuse ironie de l'histoire, on va même jusqu'au paroxysme dans le paradoxe le plus invraisemblable, c'est Robert Badinter que l'on injurie en le traitant de "liberticide". A croire que l'échafaud veille dans les souterrains obscurs de l'inconscient collectif. Car c'est de l'irrationnel qu'il faut parler à cet égard, en effet, toutes les objections en faveur de l'exécution capitale tombent d'elles-mêmes, Victor Hugo avait déjà taillé en pièce chacune des objections. Quelles sont-elles ? Examinons-les, une par une, avec la sagacité qui anima Victor Hugo en son temps.

"Première objection : Il importe de retrancher de la communauté sociale un membre qui lui a nui et qui peut lui nuire encore.

Réponse : "S'il ne s'agissait que de cela, la prison perpétuelle suffirait". Vous objectez qu'on peut s'échapper d'une prison ? "Si vous ne croyez pas à la solidité des barreaux de fer, comment osez-vous avoir des ménageries ? Pas de bourreaux où le geôlier suffit.

Deuxième objection : Il faut que la société se venge, que la société punisse.

Réponse : "Se venger est de l'individu, punir est de Dieu. La société est entre deux. Le châtiment est au-dessus d'elle, la vengeance au-dessous. Elle ne doit pas "punir pour se venger", elle doit corriger pour améliorer."

Troisième objection : Il faut faire des exemples, il faut épouvanter, par le spectacle du sort réservé aux criminels, ceux qui seraient tentés de les imiter.

Réponse : "Eh bien, nous nions qu'il y ait exemple. Nous nions que le spectacle des supplices produise l'effet qu'on en attend". Ou alors, "rendez-nous le seizième siècle, rendez-nous la variété des supplices, rendez-nous Farinacci, rendez-nous les tourmenteurs-jurés, rendez-nous le gibet, la roue, le bûcher, l'estrapade, l'essorillement, l'écartèlement... Rendez-nous Montfaucon, ses seize piliers de pierre, ses brutes assises, ses caves à ossements, ses poutres, ses crocs, ses chaînes, ses brochettes de squelettes...".

Victor Hugo n'est pas plus tendre envers ceux qui agitent frileusement ce qu'il appelle "la théorie routinière de l'exemple". A ce ministre de la Justice qui en 1979, reprenait cet argument fallacieux caricaturant le combat des abolitionnistes accusés de tout compromettre par leur "attitude frénétique", à ce ministre-là, un siècle auparavant Victor Hugo avait déjà répondu.

Avec foi et détermination, avec le courage qu'on lui sait, Hugo s'était déjà écrié :

"Toutes les raisons pour la peine de mort, les voilà donc démolies. Voilà tous les syllogismes des parquets mis à néant.

Tous ce copeaux de réquisitoire, les voilà balayés et réduits en cendres".

C'est contre cette idéologie sécuritaire que l'auteur des "Derniers jours d'un condamné" s'élevait avec véhémence au siècle dernier. Pour Alain Peyrefitte, lors de son interview dans le journal "Le Monde" du 17 juillet 1979, les abolitionnistes s'imaginent :

"Qu'il suffit de supprimer la peine capitale sans la remplacer par une peine très lourde, dissuasive à l'égard des criminels et protectrice à l'égard de la société."

Ajoutant que ceux-ci provoquent : "par la brutalité de cette position irréaliste des réactions de blocage".

Le comble est atteint avec le pseudo-discours philosophique sur les exigences de la nature humaine, le Garde des Sceaux de l'époque avance avec certitude que : "La nature se venge de ce qu'on veut faire sans elle - la nature sociale aussi bien que la nature physique".

On ne peut qu'imaginer ce que Victor Hugo aurait répondu à de tels arguments, en son temps, il avait exprimé son opinion sur l'exécution des meurtriers du Général Brea ; nous sommes en 1849. Pendant son exil, en 1854, il dénoncera l'exécution de Tapner ; en 1859 il prendra fait et cause pour John Brown, un blanc américain, condamné à mort à cause de sa révolte en faveur des noirs de la "Patrie de Washington". En

1875, il s'opposera à l'exécution d'un soldat nommé Blanc, du 112ème de ligne, condamné à mort pour insulte envers son supérieur. On ne cesserait de citer les exemples illustrant ce combat implacable.

Hélas, il y a encore en chacun de nous un échafaud qui sommeille, même si la loi a repris le point de vue de la morale, même si la conscience a fini par l'emporter sur l'irrationnel et la passion. Ce combat est toujours un combat à venir en faveur de la civilisation.

VICTOR HUGO
DIALOGUE AVEC LES MORTS

VICTOR HUGO : DIALOGUE AVEC LES MORTS

La mort occupe dans l'interrogation de l'au-delà une place centrale chez Victor Hugo, sceptique au début, le visionnaire de l'infini fait la scrupuleuse interrogation de l'au-delà.

Ce faisant, le poète annonce le savant auquel il donne toute sa capacité d'anticipation. Réticent sur la pratique spirite des adeptes de la table tournante, Hugo observe, interroge, écoute la voix de l'invisible ; il a ainsi le sentiment que tous les participants à cette expérience sont des forces qui de l'avenir arrachent le message le plus secret mais, il existe une restriction, Victor Hugo, à propos de l'ouvrage relatif aux séances de Jersey adopte une position très réservée. Il faut se souvenir que son initiatrice est Mme Emile de Girardin qui sera à la base des expériences spirites d'un premier séjour d'exil à Jersey.

Hugo émet lui-même d'infinies réserves sur le contenu de cet ouvrage qui vit le jour grâce à Gustave Simon.

"Ce livre-ci, qui sera certainement une des bibles de l'avenir, ne sera, je pense, publié du vivant d'aucun de nous, interlocuteurs actuels des être mystérieux, mais quand il paraîtra..."

Victor Hugo écrivait ces lignes le 22 octobre 1854. Les documents sont restés plus de trente ans dans son secrétaire sans être publiés. C'est dire l'extrême précaution de l'auteur à l'égard de sa propre expérience spirite. Passionné par tous les problèmes métapsychiques, attentif aux voix des mondes parallèles, il a l'intuition profonde des champs magnétiques et des pouvoirs secrets de l'homme, peut-être de la radioactivité. Le magnétisme humain avait déjà été étudié par Mesmer et serait un moyen d'appréhender l'obscur problème des vies successives. Victor Hugo, dans la préface philosophique aux "Misérables" dénonçait déjà l'attitude étroite des scientistes et des rationalistes devant certains phénomènes qui à défaut d'être expliqués, sont caricaturés par les tenants de la certitude absolue que tout est matière :

"La science s'est effarouchée devant l'étrange question des tables, devant Mesmer, devant l'hypnotisme, devant la vision à travers l'obstacle... La science, sous prétexte de merveillosité, s'est soustraite à son devoir scientifique qui est de tout examiner, de tout éclairer, de tout critiquer, de tout vérifier ; elle a balbutié des railleries ou aventuré des négations au lieu de faire des expériences ; elle a laissé, au grand profit des charlatans, la foule en proie à des visions mêlées de réalités..." (1).

Ces réflexions sont toujours d'actualité en 1985, lorsque certains mandarins de l'institution intellectuelle passent leur temps à caricaturer les recherches de phénomènes qui échappent au contrôle de leur officine ; car il existe des recherches de très haut niveau sur cette insoluble question de l'après-mort.

---

1. Les Misérables, Préface philosophique. Edition de l'Imprimerie Nationale.

Dans un manuscrit de 1843, qui étonne les savants, Victor Hugo avait déjà couché sur le papier les éléments d'une nouvelle conception du magnétisme :

"Si cette loi du rayonnement parvenait à entrer dans la science et à se faire admettre un jour comme une vérité qu'elle est peut-être, beaucoup de résultats remarquables s'ensuivraient, et beaucoup de phénomènes seraient expliqués."

Ce manuscrit qui est resté longtemps dans le tiroir du bureau de Victor Hugo annonce la théorie de la radioactivité, c'est l'esprit visionnaire de l'intuition hugolienne en tous domaines qu'il formule en ces termes :

"Première loi : la production des images dites photogéniques sans le secours de la lumière, dans le boîtier d'une montre par exemple, ou dans une cave, la nuit.

"Deuxième loi : la vision magnétique.

"Troisième loi : à la vision magnétique se rattachent les phénomènes encore inexpliqués des songes, de la sympathie, de l'extase, des pressentiments, etc., tout un monde ténébreux (je souligne ces mots) que pourrait seule éclairer cette grande loi, le rayonnement".

Ces projections extraordinaires sur les futures découvertes de la physique nucléaire dépassent tout ce qu'a pu dire Jules Verne lui-même, et pourtant, on considère toujours, à juste titre,

Jules Verne comme seul grand prophète des découvertes actuelles du monde technologique.

Dans son poème "Saturne", écrit en 1839 et publié dans les "Contemplations", Victor Hugo interroge le tombeau et libère la vision intemporelle de l'après-mort. Trois vers suffisent pour traduire l'intensité de ce sens profond de l'en-deça...

"Et qu'ainsi fait vivants par le sépulcre même,
Nous irions tous un jour, dans l'espace vermeil,
Lire l'oeuvre infinie et l'éternel poème."

Ne s'agit-il pas là du message suprême dont Hugo est porteur par sa qualité poétique ; ce grand archonte de l'au-delà avait un père franc-maçon qu'il admirait pour sa qualité - en tous points - mais aussi pour la hauteur de ses points de vue, cependant Hugo, prophète de la lutte contre tout ce qui lui rappelait l'esprit de chapelle, alors qu'il était âgé de 65 ans et qu'une lettre de Chassagnac, grand commandeur du rite écossais de Louisiane, tombait dans sa boîte, répondait de façon très initiée. Voici sa réponse :

"Vous avez raison, Monsieur : Sans appartenir de nom à la maçonnerie, je suis avec elle de coeur. Ma franc-maçonnerie est plus haute que la vôtre, c'est l'humanité. Vous, noble esprit, noble coeur, admettre les noirs, et vous avez raison ; moi je veux la transformation pacifique du prince en homme, et du roi en citoyen. Il faudrait du temps. Soit, Dieu en a. D'ici là, ne pouvant coudoyer les princes que vous admettez, je n'ai pas dû entrer parmi vous. mais j'aime votre grand but et votre fraternité magnifique, symbole de la grande fraternité future.

Je vous remercie de m'avoir communiqué le grave et beau progrès que vous venez d'accomplir ; l'admission des Noirs dans vos rangs commence l'égalité que l'exclusion des princes consommera".

Ce Hugo "initié" par lui-même a de quoi étonner plus d'un esprit frondeur ou révolutionnaire en quête de nouvelle rupture avec l'histoire. On peut s'amuser à imaginer le torrent de propos indignés que Victor Hugo ferait déferler sur les derniers bastions du racisme, de l'Apartheid ou sur le chapître vermoulu des petits vicaires aigrillards d'un colonialisme larvé.

LE GRAND VOYAGE AU PAYS DES MORTS

Une rencontre va déterminer Victor Hugo à interroger le monde peuplé de l'après-mort : Emilie de Girardin.

La correspondance avec Victor Hugo est très importante : croyante jusqu'à l'illumination spirite, elle se rend à Jersey en 1853. C'est à Jersey que le poète et le savant vont entrer dans ce commerce difficile avec le plan d'à côté. Le remarquable ouvrage de Gustave Simon qui a le mérite de recueillir et de commenter les procès-verbaux des séances de Jersey, présente ainsi le "livre" qui ressemble au "Livre des Esprits" d'Allan Kardec :

QU'EST-CE QUE CE LIVRE ?

"Ce n'est pas un livre scientifique. Nous ne songeons pas à interpréter, ni à discuter les controverses qui s'établissent entre les hôtes de Jersey et les esprits qui se désignent. Ils s'en chargent eux-mêmes. Nous n'apportons que des documents ; ce sont des procès-verbaux recueillis par des hommes de bonne foi devant des témoins appartenant à toutes les opinions et à toutes les religions.

Il ne faut se faire aucune illusion : ce livre provoquera les railleries et les sarcasmes des ennemis nés et impénitents de tout ce qui peut dépasser leur entendement. Il intéressera ceux qui se sont adonnés à l'étude des sciences métapsychiques, des sciences occultes (spiritisme, magnétisme, les mots importent peu). Il encouragera ceux qui s'obstinent à poursuivre des expériences sans se laisser émouvoir par les suggestions et les insinuations des défenseurs de la routine, ou par les hostilités préconçues et systématiques des savants dont l'assurance, parfois ignorante a été soumise à de si rudes épruves et de si cruels démentis.

Ceux qui ne voudront y chercher ni preuves ni aliment à des sarcasmes le liront encore avec plaisir parce qu'ils y rencontreront çà et là de beaux vers, des jugements sur les écrivains du XIXème siècle et sur les hommes célèbres de tous les pays et de tous les temps, des discussions sur la littérature, le théâtre, la poésie, la religion et aussi sur les conditions de notre existence ici-bas. Enfin ce livre n'aurait-il qu'une simple valeur littéraire et critique, sa publication serait justifiée." (1)

Dans ce recueil d'une étrangeté hors du commun, Molière, Eschyle, Shakespeare, Cervantès, Platon, Galilée, André Chénier, se sont manifestés.

Quel est le procédé utilisé par Victor Hugo et les participants de Jersey ?

Le procédé classique des lettres phonétiques qui consiste à reconstituer le message jusqu'à la lettre de l'alphabet qui correspond au nombre de coups frappés par la table. A propos

1. "Chez Victor Hugo" ; les Tables tournantes de Jersey, procès-verbaux des séances, présentés et commentés par Gustave Simon (8ème édition), p. 8 et 9. Paris, Louis Conard MCMXXIII.

des tables tournantes, de nombreuses recherches ont été effectuées et la somme des ouvrages sur ce sujet est considérable. Les deux auteurs qu'il faut relire dans cette période sont, Conan Doyle, le père de ce Sherlock Holmes, et Allan Kardec.

A propos du premier, Francis Lacassin présentant sa très importante "Histoire du Spiritisme" (2) fait cette constatation :

"Après Victor Hugo, R.L. Stevenson (secrétaire de la première société spirite d'Edimbourg), Henry James et son frère le philosophe William James, Jack London, les physiciens William Crookes et Oliver Lodge, le socialiste Upton Sinclair, le père de Sherlock Holmes se passionna pour ce qu'on appelle aujourd'hui la parapsychologie et qui, pour d'autes, constituait une nouvelle religion : le Spiritisme. D'abord matérialiste mais curieux des mystères du monde, Arthur Conan Doyle (1859-1930) se livra à une enquête digne de son célèbre détective pour en découvrir la clef. Trente années durant, il tenta de capter la voix des morts, avant de se rallier à la cause spirite dont il allait être l'ardent missionnaire pour le restant de sa vie. Parue quatre ans avant la fin de sa "mission terrestre", L'Histoire du spiritisme est à la fois, un testament, l'itinéraire d'un homme en quête de la vérité, une chronologie des phénomènes spirites, l'analyse du mouvement international dont ils provoquèrent la naissance. Et aussi une galerie de protraits - Dunglas Home, Eusipio Palladino - tous les grands médiums qui étonnèrent les savants du début du siècle.

---

2. Conan Doyle : Histoire du spiritisme, Ed. du Rocher. Présentation de Francis Lacassin.

Un livre dont la passion et la somme de renseignements ne peuvent laisser indifférent le lecteur. Qu'il soit spiritualiste ou matérialiste."

LE SPIRITISME A L'EPREUVE DU SCIENTISME

> "Saül consulta l'Eternel ; et l'Eternel ne lui répondit point, ni par des songes, ni par l'urim, ni par les prophètes.
>
> Et Saül dit à ses serviteurs : cherchez-moi une femme qui évoque les morts. Ses serviteurs lui dirent : Voici, à EN-DOR il y a une femme qui évoque les morts. (...)
>
> Lorsque la femme vit Samuel, elle poussa un grand cri...
>
> (Samuel XXVIII, 6, 7, 12)

Le grand courant spirite qui traverse l'Europe, mais plus précisément la France et l'Angleterre, est indissociable de la montée de l'esprit scientiste et positiviste.

Le scientisme et le positivisme parachèvent l'oeuvre du rationalisme cartésien pour lequel il n'existe point de salut hors de la science ; par science il faut entendre la conception qu'en ont les hommes du XIXème siècle héritiers du Siècle des Lumières et de l'encyclopédisme qu'ils ont cimentés dans la rigidité de la structure.

En 1860, Ernest Renan publie "L'Avenir de la science", véritable plaidoyer qui ramène toute démarche au rationalisme scientifique pur et dur. En 1865, Claude Bernard, qui fut comme certains chercheurs l'ont prétendu, fondateur de la Société d'Ethnographie de Paris, (hypothèse de plus en plus rejetée), Claude Bernard, donc, rédige un véritable manifeste de la méthode expérimentale des sciences de la nature et de la biologie qu'il surtitre : "Introduction à la méthode expérimentale". Ce corpus d'une exceptionnelle qualité, nous montre que les concepts mathématiques se veulent immuables comme s'il s'agissait de "Vérités éternelles", alors que les concepts des sciences expérimentales (étude des phénomènes) ne sont que des ustensiles, des "vérités provisoires" qui, une fois émoussés - ces concepts - doivent être mis au rebut au bénéfice de concepts nouveaux.

Nous savons que le phénomène biologique ou physique ne peut être interprété qu'à la faveur d'un "constructum" (reconstitution en laboratoire) alors que le fait - paranormal - ne répond pas à ce critère.

Claude Bernard ne parle pas des faits étranges ou des manifestations spirites, mais il mérite d'être cité comme exemple de modestie et d'humilité savante à l'époque de Victor Hugo.

Parmi les savants du XIXème siècle, nous ne citerons pas Alphonse Leblais, continuateur de la méthode d'Auguste Comte mais plus précisément un, que l'on considère comme grand : Faraday.

Une polémique autour des tables tournantes sera lancée par l'illustre physicien qui eut l'imprudence d'expliquer le phénomène de rotation de la table des spirites, par le couple de force. Belle interprétation de la physique, seulement lors des séances spirites, on ne pose pas les mains sur la table ; on fait la chaîne.

Qui est le physicien Faraday ? Michael Faraday est un physicien et chimiste anglais, né à Newington en 1791 et mort à Hampton Court en 1867.

Parmi ses découvertes capitales, il faut citer 1°) celle des courants d'induction, découverte à la base de la construction des générateurs et des moteurs électriques. 2°) la célèbre loi de Faraday sur l'électrolyse relative aux décompositions chimiques. 3°) l'électrostatique, 4°) la découverte de l'action des aimants sur la lumière polarisée.

Cet apport très volumineux, ainsi que les travaux d'Ampère, contribue à établir la théorie de l'électromagnétisme. Mais nous sommes loin des travaux du Pr. Kervran sur les "mesons" et les "besons" qui donnent à l'approche du "magnétisme" une autre dimension que celle de la physique du XIXème siècle.

Travaillant sur l'électromagnétisme du point de vue strictement théorique, Faraday en fut amené à rejeter tout ce qui échappait au tout puissant "contrôle de la science".

Pouvons-nous, plus de deux siècles et demi après le "Siècle des Lumières", prêter une attention réelle au "Merveilleux Spirite" (1) pour reprendre le titre de l'ouvrage de Lucien Roure. Le spiritisme se développe surtout en Grande-Bretagne puis en Europe occidentale à la fin du XIXème siècle, la grande instigatrice des sciences spirites sera la famille Fox. Beaucoup d'écrivains, de philosophes l'ont pratiqué, Victor Hugo à Guernesey va s'y adonner et rédiger "Ce que disent les tables tournantes" ; Théophile Gautier, Huysmans, plus proches de nous, le philosophe Gabriel Marcel, etc. et ils sont très nombreux. Tous au moyen de l'objet transitionnel qu'est la "table parlante" ou "table tournante" essaient d'entrer en communication avec "l'au-delà". Des sociétés comme la "Golden Dawn" (2) avec le personnage énigmatique et "luciférien" qu'est Aleister Crowley pratiquent à grande échelle ces expériences, Conan Doyle lui-même, père de Sherlock Holmes, le fameux détective britannique, d'ailleurs en lutte contre des docteurs maléfiques revenus des Indes, se livre au spiritisme.

Le XXème siècle est aussi pléthorique. Des instituts spécialisés étudient maintenant ce phénomène à l'aide de la perfection technologique des moyens utilisés. S'il est vrai que des mystificateurs comme Léo Taxil réussissaient à faire apparaître des diables dans les loges maçonniques, combien d'expériences truquées ou parfaitement non concluantes purent également avoir lieu depuis la moitié du XIXème siècle.

---

1. Le Merveilleux Spirite", Lucien Roure - Gabriel Beauchesne.
2. "Golden Dawn" : aube dorée.

D'abord, qu'est-ce que le spiritisme ?

L'entrée en communication avec des êtres par-delà la mort, par-delà le temps ou l'espace ; dans les deux cas, nous sommes confrontés aux mêmes phénomènes.

Télépathie, télékinésie, psychogénèse et spiritisme dépendent du fluide humain et universel (microcosme-macrocosme).

Dans une expérience spirite, à l'envers de la télépathie (communication à distance) ou de la prémonition (ou précognition d'événements) qui se produisent sans préparations préliminaires réelles, il est nécessaire d'être plusieurs personnes décidées à "faire la chaîne" pour entrer en communication avec "l'au-delà". Ame du défunt ou Esprit... Victor Hugo fera parler Shakespeare, Molière ainsi que d'autres grands écrivains... et en vers, bien entendu.

En fait, l'expérience est possible. Il suffit de posséder un guéridon pas trop lourd, de se concentrer sur celui-ci en l'effleurant à peine du bout des doigts et l'expérience doit être concluante. Il faut que les auriculaires de chaque participant touchent les auriculaires de ses deux voisins. Nous-mêmes, nous avons participé à ce type d'expérience et pouvons en attester la véridicité. Nous verrons ensuite que la thèse de Faraday, contre le spiritisme, ne prouve rien, pour le montrer, nous la transcrirons intégralement.

A la fin du XIXème siècle, Allan Kardec, célèbre spirite, prétend avoir réussi des expériences audacieuses ; après sa mort, ses disciples publièrent des "Communications reçues du 9 janvier au treize mars 1897", avec "Explications d'Allan Kardec, d'Alexandre Bellemare et de William Channing. Ce livre difficile à trouver est intitulé : "Aux spirites, vérités et lumières, nouvelles révélations dictées par l'esprit" d'Allan Kardec (3).

Il y a quelques années, mourait Rosemary Brown qui écrivait des pages de musique sous la dictée de Bach, Beethoven, Mozart, Liszt, etc. Des spécialistes parmi les plus éminents ont avoué être subjugués par la qualité et la spécificité de ces pages. Le fameux médium et paragnoste néerlandais, Gérard Croiset l'a rencontrée et dit avoir aperçu près d'elle deux taches de lumière qui, progressivement, se sont transformées et il aurait reconnu... notamment Beethoven.

Plus de huit cents dossiers sur Gérard Croiset attestent ses capacités, les polices d'Europe et des Etats-Unis font souvent appel à lui pour retrouver des criminels ou des cadavres. Le cas le plus troublant des capacités de bilocation (4) et des possibilités du magnétisme humain du médium d'Utrecht est l'exemple hors-pair illustré par la "recherche de M. Fast" (5).

---

3. Aux Spirites, Vérités et Lumières, nouvelles révélations dictées par l'Esprit, d'Allan Kardec, chez Chamuel éditeur, 1896.

4. Bilocation ou Ubiquité : don qui consiste à se rendre à deux endroits à la fois.

5. Voir PSI international n. 3 - Janvier-Février 1978, p. 22.

Elle se passe à Wadenoyen aux Pays-Bas. M. Fast s'est noyé dans la rivière près de sa propriété, la Linge. Avec une seule photo du disparu, alors que la police et les recherches sont impuissantes, à distance, G. Croiset décrit l'endroit précis où l'on retrouve M. Fast. Tous les détails qu'il donne sont très précis et très descriptifs pour quelqu'un qui ne s'y est jamais rendu.

Peut-on donner une explication solide du phénomène des tables tournantes ? S'agit-il d'une application du magnétisme humain (il existe) aux structures moléculaires du bois de l'objet transitionnel (ici, médium, c'est-à-dire entre les deux) ? Quoiqu'il en soit, nous pouvons poser le problème par l'absurde et voir si l'explication mécanique a un sens. Nous allons nous pencher sur l'explication de Faraday. Est-elle plausible ? Ne s'agirait-il pas plutôt d'un phénomène bio-électrodynamique ?

> Dans toutes ces séances, le code est choisi :
> - soit que la table frappe un nombre de coups jusqu'à donner chaque lettre de l'alphabet composant un message,
> - soit que "l'Esprit" parle,
> - soit qu'une entité se manifeste sous une forme spectrale.

Nous savons aussi que la table tourne ou parle, dans les deux cas, l'expérience procède de la même concentration fluidique, Nature et Surnature, pour reprendre les concepts de Watson, sont au carrefour de ces pratiques insolites aux yeux de tout profane, aussi doit-on être très prudent face à ce que l'on ne connaît pas. Dans cette ligne, le sociologue devra apprendre du parapsychologue, prendre conscience de son vide et s'informer.

La table tournante n'est qu'un élément dans une longue chaîne de pratiques similaires : cristalloscopie, pyromancie, télépathie, géomancie, chiromancie, etc. Dans chacun des cas, il y a relation avec un monde parallèle : celui qu'on ne connaît pas, dont nous ne savons pas les lois mais que tout savant sérieux examine à partir du moment où sa science n'explique plus rien.

Nous voudrions avant d'examiner la thèse de Faraday, citer un article du "Monde".

Que dit cet article ?

"Les phénomènes sont de peu d'intérêt. Ils retiennent l'attention des badauds, mais n'ont d'autre signification que d'apporter la preuve que la carcasse humaine ploie et cède sous l'intensité de l'influx divin (6)."

Depuis quand le manque de connaissance et de réflexion peut-il s'ériger en vérité "scientifique" ?

Dans l'optique de ce chapître où les prolégomènes visent une interprétation des faits surnaturels et magiques, nous proposons deux comptes rendus scientifiques touchant un phénomène spirite bien connu : il s'agit des tables tournantes. Le premier article est extrait de : "L'illustration" (journal universel)

---

6. "Le Monde", 28 Février 1978.

et daté du 23 juillet 1853. Cet article est rédigé par M. Rozier d'après la théorie de Faraday, savant très connu. Le second article, dont nous reparlerons, est une contradiction à la tentative d'explication du premier article intitulé : "EXPLICATION MECANIQUE DES TABLES TOURNANTES" (7) et c'est ce premier article que nous allons retranscrire avant d'examiner comparativement les deux.

"EXPLICATION MECANIQUE DES TABLES TOURNANTES" :

"L'illustration" la première, a publié les expériences intéressantes de M. Faraday sur les tables tournantes. Ce travail, que d'autres journaux ont reproduit d'après nous, a complètement éclairé le public sur la cause véritable de ce fait, en apparence si extraordinaire, et n'a laissé dans l'esprit des hommes impartiaux, aucun doute par rapport à l'action réelle d'une force purement mécanique exercée par les mains. (Et nous ne changerons pas dans la reproduction de cet article, une seule virgule du texte).

On était embarrassé cependant d'expliquer comment une face si ténue, qu'elle échappe à la conscience de l'opérateur, pouvait mettre en mouvement une masse telle qu'une table et déterminer, dans certains cas, une vitesse de rotation vraiment surprenante. L'article suivant, que nous empruntons au dernier numéro de "Frazer's Magazine", nous a paru résoudre cette

7. op. cit., p. 59, "L'illustration", 23 juillet 1853 de M. Rozier.

difficulté par des analogies ingénieuses et, ce qui vaut mieux, par une démonstration théorique, empruntée à la mécanique elle-même. L'auteur s'attache d'abord à combattre l'erreur de ceux qui ont cru voir dans le fait des tables tournantes un principe d'électricité, de magnétisme, etc.

"(sic) Lorsque pour la première fois, dit-il, Galvani mit en mouvement les nerfs d'une grenouille au contact de deux métaux différents, il ne prétendait guère qu'une génération future prétendrait animer les fibres d'une table d'acajou au contact de deux mains ; il dut prévoir bien moins encore que ce phénomène se lierait à l'action des expérimentateurs. Cet élément de la volonté, allié à la force galvanique, ouvre un vaste champ à la spéculation. Dans l'état de nos connaissances, nous jugeons que, puisque, dans l'expérience des tables, les personnes sont supposées faire les fonctions d'une batterie volotaïque, qu'il est nécessaire, afin de justifier l'analogie, de présumer qu'il s'exerce une volonté énergique de la part des différents éléments galvaniques. Les jeunes gens, en général doués d'une plus grande énergie de volonté, ont été peut-être conduits à l'idée de l'employer dans l'expérience des tables par quelques notions confuses sur l'électricité positive. Si cependant ces partisans de la volonté ont à ce sujet des idées arrêtées, ce qui n'est pas impossible, ils doivent balancer à confier leurs dépêches à la télégraphie électrique, pour ce motif que les fils ne sauraient rien transmettre, qui n'émanât d'une volonté ferme, ce qui réduirait les télégraphes à communiquer seulement des messages impérieux. On peut excuser jusqu'à un certain point ces demi-savants. Ils ont lu, par exemple, qu'il est extrêmement facile d'intercepter le fluide électrique ; en d'autres termes, qu'il existe d'innombrables causes, toujours agissantes, qui tendent à produire des courants électriques. Nous reconnaîtrons avec eux que rien n'est plus difficile que de rapporter ces effets à leurs causes. ils ont peut-être encore entendu parler de ces faits, démontrés par Davy, que les phénomènes électriques se produisent à un plus grand degré sous une température plus élevée, et sous l'influence d'une atmosphère carbonisée ; et, s'emparant de cette donnée, ils imaginent sans doute qu'une réunion nombreuse est une condition favorable au développement de l'électricité. Ils vont peut-être plus loin encore, et, connaissant que la présence d'une Batterie animale échauffe et vicie l'air ambiant, ils estiment qu'elle concourt enfin à accroître l'activité du fluide électrique. Ils ont pu penser, qu'avec une apparence de raison que les animaux vivants pouvaient participer dans une certaine mesure aux propriétés du GYMNOTE (8), de la torpille (9) et du silure (10) électrique, et que le corps humain pouvait au même degré sinon à un degré supérieur, développer l'électricité ; mais ils n'ont pas réfléchi que ces animaux à appareils électriques n'étaient doués de cette faculté que comme moyen de défense, et que surtout l'homme n'était nullement pourvu d'une organisation conforme à cet objet. Un grand nombre de faits généralement connus, tels

---

8. Gymnote : anguille électrique dotée de membranes, vivant dans les mers d'Amérique Tropicale.

9. Torpille : poisson sélacien (torpedo) épine dorsale positive, ventre négatif.

10. Silure : silure électrique, poisson d'eau douce téléostéen.

que l'électricité dégagée de la chevelure, etc., etc., ont pu suggérer ces notions erronées ; et nous devons dire que les ouvrages de physique élémentaire sont le plus souvent connus de manière à enfanter ces imaginations. On y trouve, en effet, des illusions très grandes quant à l'application de la force galvanique, que l'on croit pouvoir substituer à tous les moyens mécaniques en usage, en sorte que la vapeur, le vent, l'eau, le calorique, dont Ericson a tiré tout nouvellement une si heureuse application, seraient destinés un jour à être supplantés.

"Nous concédons volontiers que de pareilles considérations aient pu abuser des gens du monde et produire une erreur aussi subite, aussi générale que celles des tables tournantes. Nous pensons que celle-ci ne saurait être de longue durée. Ce serait néanmoins une folie non moins grande que l'engouement qui a prôné avec une ridicule exagération le prodige éphémère des tables tournantes, que de prétendre convertir le public tout d'un coup, sans lui fournir une explication raisonnée.

"Il ne sera donc pas inutile de nous arrêter un moment sur ce prétendu phénomène, afin d'en chercher sa véritable cause, de dégager ainsi la vérité des apparences trompeuses, et d'offrir aux gens du monde un préservatif salutaire contre les faciles entraînements de la crédulité.

"Le <u>mouvement des tables est donc un fait positif</u> ; ce n'est ni une supercherie ni une illusion, ni le résultat d'un pouvoir mystérieux quelconque. Le bon sens, dégagé de toute passion, suffit pour reconnaître la présence d'une force, capable d'abuser par ses effets non seulement les esprits amoureux du merveilleux, mais encore bon nombre d'esprits froids qui ont expérimenté sans prévention.

"Nous n'avons pas à combattre l'opinion qui reporte au galvanisme les effets des tables tournantes, puisqu'il est reconnu que les courants électriques sont opposés aux effets observés. En fait, la force qui agit dans les tables est purement mécanique, et cette force, quoique vulgaire, s'applique de telle sorte que le sentiment de son intensité nous échappe, car elle est presque imperceptible à celui-là même qui l'exerce. Dans la plupart des expériences, les mains sont ainsi placées : la main gauche de chaque opérateur sur la droite de son voisin et vice-versa. Cette seule imposition des mains donne dans une direction déterminée une certaine somme de force efficiente.

Cette force peut être ainsi décomposée :
(suivre sur le schéma)

Soit TE' le plan de la table. Soient AC et BC les directions de la pression d'un couple de mains posées sur la table au point C. Prolongez AC et BC jusqu'aux points E et D et prenez CD et CE pour représenter les forces appliquées par les bras respectivement.

Par la décomposition des forces, CD peut se décomposer en deux forces CH, HD, ou CD, CG. Mais CH, agissant perpendiculairement sur la table, est sans effet quant au mouvement perpendiculaire. Elle tendrait à abaisser la table si celle-ci n'était pas contrariée au point C par une force identique,

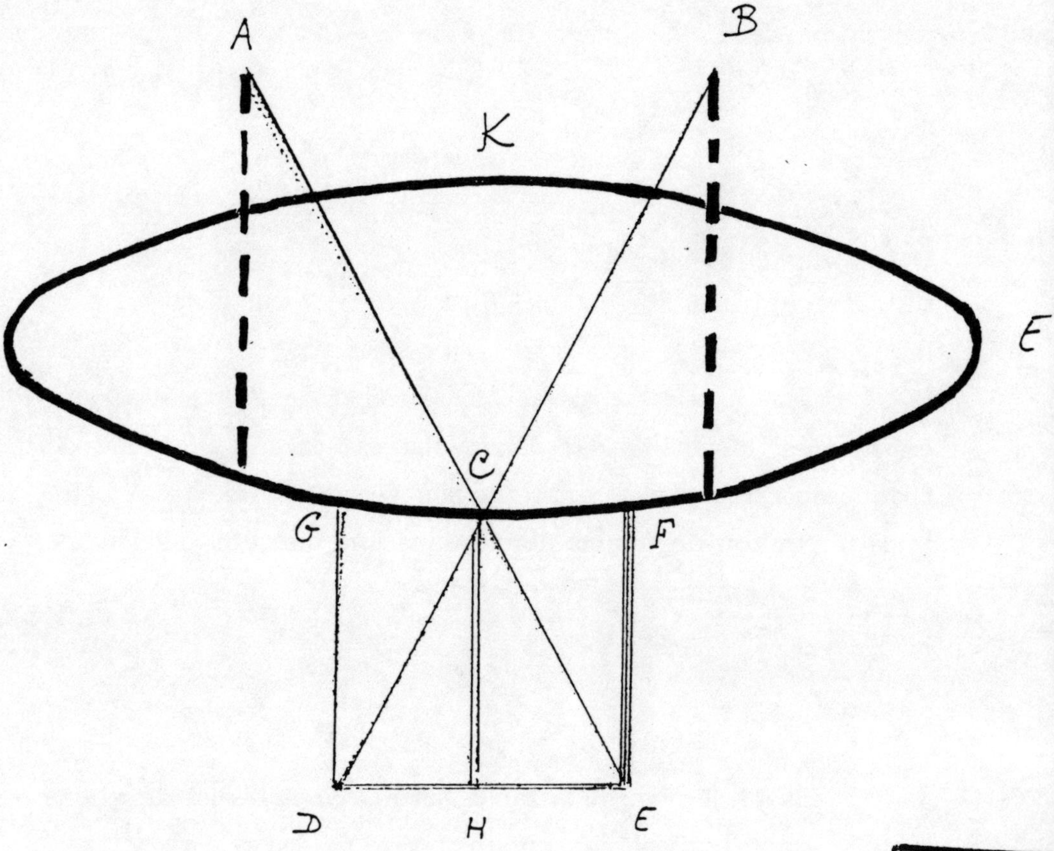

FIG: Σ

exercée par une autre personne au côté opposé de la table. Mais comme il y a beaucoup de chances pour que les mains ne portent pas également sur la table, il faut tenir compte de cette force. En effet, là où la pression est la plus forte, l'effet sur le côté opposé du pied de la table sera d'amoindrir la pression de la table sur le plancher et de favoriser ainsi la rotation de la table en écartant le frottement.

"Mais la force CG agit dans la direction d'une tangente sur la table et tend à porter celle-ci de C en G. Par un raisonnement semblable, la forge GE peut se décomposer en CH et CF. Donc, CF s'opposera à CG et tendra à le contrarier, ou à pousser la table de G en F.

"C'est par l'effet de la différence de ces deux forces CG et CF que la table tourne. Cette force est analogue à celle du vent par rapport aux ailes d'un moulin ; celle-ci produit aussi un mouvement de rotation. Dans l'exemple du moulin à vent, la force s'exerce perpendiculairement au plan de rotation et l'aile reçoit la force sous un angle, et la table est horizontale ou perpendiculaire au plan de rotation. La décomposition de partie de la force, dans l'un et l'autre cas, est identiquement la même ; dans tous les deux, quoique faible comparativement à la force entière, cette partie est suffisante pour créer le mouvement.

"Dans l'aile du moulin, la combinaison est complétée par chaque partie de l'aile qui se trouve frappée par le vent, et l'effet accru en raison de l'absence de toute force opposante.

"Dès lors, il est démontré qu'une force tangentielle, définie, est exercée par chaque main sur la circonférence de la table, moindre ou plus grande, selon le degré de pression et l'angle sous lequel la force s'exerce. Si les deux mains de chaque opérateur étaient laissées sur la table dans une position isolée et qu'elles exerçassent une pression égale, la force tangentielle serait neutralisée car dans ce cas CG serait égal à CF. Au contraire, lorsque chaque opérateur a la main placée, l'une dessous, l'autre dessus, par rapport à ses voisins, il y a probabilité que cette différence de position produira un excès de pression exercée par l'une des mains comparativement à l'autre, et que toutes ensemble, soit les droites réunies, - soit les gauches -, agiront plus fortement les unes que les autres.

C'EST CET EXCES DE PRESSION, GRAND OU PETIT, QUI CONSTITUE LA FORCE EN VERTU DE LAQUELLE LA TABLE ACQUIERT UN MOUVEMENT DE ROTATION.

"Il est presque superflu de poursuivre la démonstration. Il est évident que toutes les mains droites et toutes les mains gauches se trouvant dans un même état doivent agir également de concert, et la direction du mouvement de la table dépendra de cette circonstance que les unes ou les autres exerceront une plus forte pression.

"L'intervalle de temps qui s'écoulera avant la réussite est précisément le même que celui qui peut s'écouler avant qu'une légère différence s'établisse entre les pressions contraires exercées par deux ou plusieurs personnes. Le plus imperceptible mouvement frappe les assistants, et le mouvement circulaire une fois déterminé, le simple contact de chaque main avec la surface de la table suffit, indépendamment, de toute pression ultérieure, pour porter la table en avant, sans que les personnes se doutent qu'elles aident à la translation.

"L'expérience des tables est si subtilement pratiquée que cette même jonction des mains, qui a suggéré l'idée d'une chaîne électrique, produit aussi une multiplication proportionnée de la force mécanique ; cette disposition nécessitant un nombre suffisant de personnes pour entourer la table. Un autre procédé, celui qui consiste à placer le petit doigt sur celui du voisin, produit la même force multipliée par le nombre de personnes. Il suffira donc de toucher la table avec les doigts ; car, à moins que la direction dans laquelle la force s'exerce soit perpendiculaire au plan de la table, ce qui est à peu près impossible, il doit se produire une décomposition dans une certaine mesure. Si l'obliquité est à peine sensible et la pression également faible, les chances seront accrues d'un plus long intervalle avant qu'il se déclare un concert suffisant pour déterminer le mouvement.

"Il est une objection que l'on fera généralement à cette démonstration, elle sera inspirée par la croyance que nulle force n'est exercée par aucun des individus.

"Mais en accordant même que les expérimentateurs portent une honnête attention à n'exercer pas une force qu'ils puissent apprécier, il est un fait qui subsiste toujours, c'est que la seule imposition des mains sur la table est d'elle-même une force appréciable. Cette force a beau être faite en elle-même, multipliée par le fait de la combinaison qui doit infailliblement se produire dans le cours de l'expérience, cette force devient considérable et est suffisante pour qu'il en soit tenu compte dans l'effet produit.

"Afin d'assurer le succès de l'expérience, quelques personnes soufflent sur la table, et cette méthode, qui prête au merveilleux, est en définitive une preuve excellente à l'appui de l'expérience précédente. Tous les opérateurs se penchent sur la table pour souffler ; cette position détermine nécessairement un surcroît de poids sur les mains et probablement les écarte l'une de l'autre, ce qui répartit la force sous un angle plus grand. L'action de souffler nécessite encore un effort musculaire qui favorise l'inégalité de pression.

"En général, on ne se fait pas une idée suffisante de la puissance des forces combinées. Des expériences pratiques sur l'action simultanée de plusieurs forces ténues donneront des résultats étonnants. Les tourneurs de table seraient grandement surpris de voir que la première articulation du petit doigt de chacun des opérateurs soulèverait avec la plus grande facilité la table, si ceux-ci s'appliquaient à obéir à un signal avec précision, en sorte que la somme de toutes les forces pût s'exercer dans le même moment. Le "Chorus" usité parmi les marins lorsqu'ils tournent le cabestan n'est pas autre chose qu'un moyen d'assurer la simultanéité des forces ; la cadence mesurée des rameurs et une foule d'autres exemples témoignent combien cette vérité est familière.

"L'expérience qui consiste à faire tourner une clef attachée dans un livre est une expérience ancienne, renouvelée pour accompagner le miracle des tables tournantes. La clef est suspendue entre deux doigts opposés et elle tourne dans la direction voulue. Dans ce cas, on comprend très bien l'action d'une force physique. Si une balle est suspendue à un cordon (Ex. Rhabdomancie) (11) et qu'elle soit pressée en tout autre point que le plan qui passe en son centre, qui est son centre de gravité, elle tournera. Une bille de billard donne un exemple familier de ce principe. Tout joueur sait que, s'il ne frappe pas la bille dans la direction du centre, celle-ci tournera autour de son centre de gravité. La clef est soutenue par deux doigts opposés. L'extrémité de chacun de ceux-ci touche la tige, qui est un cylindre, et s'affecte comme la balle. Tant que les doigts pressent directement dans le sens du centre de section, en opposition parfaite l'un par rapport à l'autre, il ne peut y avoir de mouvement de rotation, mais la plus légère déviation de l'un des doigts de cette direction produit une force oblique dont la partie se décompose dans la direction de la tangente à la circonférence de la tige, ce qui constitue une force tangentielle.

"Ce faible effet de la force tangentielle place le doigt opposé hors de la direction contraire, et lui donne précisément la même position relative que le premier doigt par rapport au plan primitif passant par le centre, ce qui double la force d'aberration. Chaque portion du mouvement angulaire dans l'azimut, comme on dit en astronomie, accroît la force. La clef, comme la table

11. N.D.L.A.

tournante, attend jusqu'à ce que la plus légère aberration des doigts se produise. Nous devons faire observer que les chances en faveur d'une déviation dans la pression sont infiniment plus grandes que celles en faveur de la stabilité prolongée.

"Le moindre courant d'air accroîtrait cette très petite force qui s'exerce continuellement. Par où l'on a compris l'utilité d'ajouter à la force tangentielle par des tours de passe-passe, tels, par exemple, que les passes magnétiques. L'action de la main produit le courant voulu. Si la clef était suspendue par un fil, le moindre souffle d'air suffirait pour la faire tourner. Si la terre elle-même était suspendue de la même façon, une souris serait assez forte pour la faire tourner.

"Bacon, dans son "Novum Organum" (12) a consigné une foule de faits semblables, ce qui n'empêche pas que les faits par lui rapportés sont remis aujourd'hui en lumière et regardés par un bon nombre comme pouvant donner la clef du principe mystérieux qui fait tourner les tables aux yeux de la crédulité. Lorsque ce philosophe avança que tous les corps, lorsqu'on exerce une pression sur eux, ont une tendance à tourner sur eux-mêmes, il n'a fait qu'établir un fait parfaitement observé, hors de controverse alors comme aujourd'hui, et dont les lois sont enseignées de notre temps à tout imberbe qui étudie la mécanique." La signature est de ROZIER.

---

12. "Novum Organum" de Francis Bacon, XVIème siècle = Nouvelle logique au traité d'axiomatique dégageant la théorie des théorèmes puissants.

Voici l'intégralité de ce compte-rendu scientifique proposant une interprétation mécanique du phénomène des tables tournantes. Un second article amène la contradiction, nous en reproduisons sa totalité avant d'analyser ces deux points de vue.

Cet article est daté cette fois-ci du 30 juillet 1853 et signé de la main de son auteur, Félix ROUBAUD (13).

"Monsieur Faraday a publié dans un journal anglais les expériences qu'il a faites sur le phénomène de "La danse des tables" et "L'Illustration", dans son amour pour la vérité, en a répété le récit dans ses colonnes.

"Déjà notre confrère de "La Presse", Monsieur Victor Mennier a répondu au physicien de Londres ; et sans revenir ici sur les objections qu'il lui a adressées, nous ferons remarquer que Monsieur Faraday, non seulement s'est toujours tenu à côté de la question, mais que les conséquences qu'il tire de ses expériences ne sont ni logiques, ni scientifiques.

"Sous le premier rapport, s'agissait-il de prouver que la table se meut par l'effet d'une force ? Evidemment non, car personne, que je sache, n'a prétendu que la table tournait par l'opération du Saint-Esprit. C'est donc une force qui met la table en mouvement, et c'est la nature et non l'existence de cette force qu'il s'agissait de montrer. Monsieur Faraday y est-il parvenu avec ses disques de carton ? Je ne le pense pas. Mieux que nous

13. "L'illustration", 30 juillet 1853 de Félix Roubaud, in "Revue Scientifique"

l'illustre physicien anglais sait que l'action d'une force se communique de proche en proche ; que dans un convoi de chemin de fer, par exemple, le premier wagon est d'abord mis en mouvement, le second ensuite, puis le troisième, et ainsi jusqu'à la fin, de telle sorte que le premier wagon a déjà parcouru un certain espace que le dernier n'a pas encore éprouvé l'action de la locomotive. Dans les expériences de M. Faraday le disque de carton fait l'effet du premier wagon, et la table l'effet du dernier, avec ces circonstances remarquables, que le disque de carton, par sa légèreté et l'enduit glissant dont il est pourvu, doit subir bien plus facilement que la table l'action de la force qui les fait mouvoir.

"A la place des doigts mettez une autre force, la calorique, l'électricité, la vapeur, n'importe, toujours vous obtiendrez le même résultat, c'est-à-dire le déplacement du disque de carton. Les déduction de M. Faraday ne sont donc pas logiques puisqu'elles n'expriment que les résultats généraux de toute force motrice.

"Je ne parle pas de ses "INDEX", ces agréables jouets d'enfants qui constatent l'action du moteur et non son essence.

"Si M. Faraday veut réellement entrer dans le coeur de la question, nous lui conseillons de se soumettre lui-même à l'expérience et de se substituer à la table ; il est probable que la sensation qu'il éprouvera à la poitrine, si les mains des expérimentateurs sont appliquées sur cette partie du corps, lui fera changer d'avis sur la pression des doigts, surtout si une des personnes de la chaîne lui donne "MENTALEMENT" des ordres auxquels il obéira.

"La démonstration mécanique publiée dans le dernier numéro de "L'ILLUSTRATION" n'a pas plus de valeur que les expériences de M. Faraday ; elle repose sur une pure hypothèse : la différence de pression que rien ne justifie, et à laquelle, fût-elle vraie, une simple expérience donne un complet démenti. Cette différence de pression peut être obtenue très énergique par les expérimentateurs, et, dans ce cas, essentiellement favorable à la théorie rapportée par M. Rozier. La table ne se meut pas ; je dis même plus, elle ne peut pas se mouvoir, car la résistance, due au frottement des pieds de la table sur le parquet, au lieu d'être disséminée sur plusieurs points, et par conséquent affaiblie, est, au contraire, concentrée sur un seul et par conséquent, augmentée...

"Enfin, pour en finir avec cette prétendue pression des doigts, nous engageons les expérimentateurs à doubler, tripler, quadrupler, - VOLONTAIREMENT - cette pression, et ils verront qu'il leur est impossible d'obtenir un mouvement - UNIFORMEMENT - circulaire comme dans - LA DANSE DES TABLES - car, dans les expériences ordinaires, on est toujours à se demander si les effets produits sont bien en rapport avec la cause invoquée.

"Le problème reste donc entier, malgré les expériences de M. Faraday, malgré la démonstration mécanique, et les dénégations de M. Arago : Quelle est la nature qui produit le phénomène de la danse des tables ?..."

Félix ROUBAUD

Telle est la question que chacun est en droit et a devoir de se poser.

La question de M. Félix Roubaud est pertinente : "Quelle est la nature de la force qui traduit le phénomène de la danse des tables" ?

Un simple couple de forces ne suffit pas à déplacer mécaniquement une table, s'il est vrai que chaque être vivant émet du magnétisme et que les objets eux-mêmes sont émetteurs mais aussi récepteurs, pourquoi ne pas émettre l'hypothèse d'une influence magnétique, voire psycho-génétique. L'objet (guéridon) ne serait à ce moment-là qu'un lieu de concentration fluidique.

DIALOGUE AVEC MAHOMET

Cette étude montre où mène le scientisme exacerbé. Revenons aux tables de Jersey.

L'épisode le plus surprenant des séances de Jersey est le dialogue avec Mahomet. La séance se déroule le 29 décembre 1853, elle commence à cinq heures de l'après-midi et se termine à sept heures du soir.

Charles et Madame Hugo sont à la Table, tandis qu'Auguste Vacquerie interroge. Le premier message de Mahomet concerne les trois religions ; dénonçant le gibet, la torture et la peine de mort, Mahomet reprend les thèmes favoris de Victor Hugo. Les images sont macabres, le noir et les ténèbres dominent cette vision d'apocalypse où l'agonie du Christ plane comme une ombre sur l'humanité. Le droit et la loi érigés en principe absolu par les tyrans et les vicaires, ne peuvent trouver de justification que dans le gibet et l'échafaud. Dans le second message, on a encore plus l'impression de se trouver devant le codage d'une centurie de Nostradamus, notamment lorsque Mahomet prophétise la mort de l'Islam, du Catholicisme et de la Russie orthodoxe. Ces très grands bastions sont les piliers de l'histoire contemporaine marquée par la Révolution russe, le développement de l'athéisme d'état avec les Bolchéviks et le massacre des Romanov dans la forêt d'Iékaterinbourg, par la diminution constante du nombre de catholiques pratiquant en

Europe, et par le dévoiement des grands principes de tolérance de l'Islam perdus par la montée du fanatisme et de la Jihad (guerre sainte).

Comment ne pas reconnaître là des signes du Temps. Tout aussi prophétique, la conception de l'immortalité nous renvoie au monde platonicien de la migration des âmes dans un temps cyclique où s'enregistre par le déroulement des vies successives, la mémoire de l'Eternité. Quant au monde de l'après-mort, il correspond à tous les récits que font ceux qui "reviennent" et témoignent de ce qu'ils ont vu. Dans "la vie après la vie", le docteur Moody rapporte ces expériences de l'après-vie. Ce message ne peut être compris qu'à la lumière de son propre texte, ainsi est-il plus sage de laisser la parole au Prophète Mahomet lui-même. C'est Auguste Vacquerie qui l'interroge d'abord :

" - Qui est là ?

- Mahomet.

- Parle.

"L'ombre est encore sur le monde. La vérité martyre saigne à tous les clous de l'erreur. La nuit est profonde. Les despotes disent : nous sommes le droit. Les prêtres disent : nous sommes la loi. Le gibet répond : oui. L'échafaud répond : oui. Le charnier répond : oui. La tombe répond : non. Le lugubre hosanna du mal retentit sous le ciel étoilé chanté par les chouettes. Les corbeaux viennent becqueter le dernier regard d'amour dans les yeux des mourants de Jésus. La double silhouette de la potence et de l'échafaud se dresse sur l'horizon sombre, et l'on entrevoit, debout dans les ténèbres, la religion officiant au nom du crucifix. Le jour approche et le matin vient. La nue indignée va ouvrir sa bouche et lancer sur le monde des ténèbres l'astre flamboyant, formidable mitraille de lumière. Le prêtre-gibet et le pape-échafaud seront renversés. Les bastilles de l'ombre tomberont et la terre tremblera sous ceux qui sont debout, et le ciel s'ouvrira sur ceux qui sont à genoux.

"Auguste Vacquerie. - Au moment où nous te parlons, trois religions se battent en Orient ; parle-nous de ces religions de leur avenir.

"- La religion catholique est le rempart de la nuit. La religion grecque est la forteresse de la neige. La religion de Mahomet est la muraille de la chair. Aucune ne doit durer. Le pape dit à l'homme : tu ne verras pas ; le tzar ; tu souffriras ; le sultan : tu jouiras. Les trois se trompent. Je vous dis, moi, que la chute des prêtres commence. Le prêtre du knout, le prêtre de la croix et le prêtre du croissant sont les trois cadavres que laissera le champ de bataille. La sainte n'a pas plus raison devant Dieu que la houri, et Dieu ne veut pas plus d'une religion qui abrutit l'homme par l'ascétisme que d'une religion qui l'endort par la volupté. Allons, mes fils, il faut mourir. Je vous ai donné mon étendard pour vaincre. Je vous le laisse pour vous ensevelir.

"Victor Hugo. - Après la mort, dans les mondes plus heureux, a-t-on une forme ? Comment se reconnaît-on ?

"- Les âmes se reconnaissent entre elles au reflet de leur corps. Le ciel est un miroir qui garde les images de la vie. Rien n'est perdu. La tombe ne prend au corps que le squelette, la forme monte aux cieux, et il y a des sourires qui s'envolent avec les âmes et des regards qui sont dans le ciel avant que la mort ait fermé les yeux.

"Mme Hugo. - Quand veux-tu revenir ?

- Jeudi.

- A quelle heure ?

- 9 heures.

(Clos à sept heures du soir).

(op. cit. : Chez Victor Hugo.)

LE SUPREME DIALOGUE AVEC LA MORT

Le mardi 19 septembre 1854 commence à une heure et demie de l'après-midi, l'une des séances les plus troublantes. Victor Hugo, alors que Charles et Madame Hugo tiennent la table, interroge la Mort. L'Ombre du Sépulcre est là. Victor Hugo, dans une très longue tirade explique que c'est l'Ombre du Sépulcre qui lui a ordonné de finir son oeuvre et qu'il ne fait qu'obéir à ce que celle-ci lui dicte. On aperçoit là ce que les Surréalistes appelleront la "dictée automatique", langage refoulé dans le subconscient que Freud désignera à travers le concept psychanalytique "d'inconscient", lieu obscur où se déroule la dramaturgie personnelle et sociale du moi, autre scène où les pulsions refoulées inffluent l'énergie fondamentale de la sublimation et des phantasmes. Ça parle donc en moi, l'Autre se présentifie et le lieu du discours partant du manque, de la béance et de l'éternelle vacuité se situe désormais ailleurs, lorsque le monstre, le criminel, le Diable et le Poète mis au banc de la société expriment le langage du corps et bientôt celui du Double.

C'est ce "double" qui exprime le temps dans une dimension toute platonicienne de la circularité et de la cyclologie. L'espace et le temps sont pour les Anciens notamment pour Platon soumis à la loi de la "clôture" ; cette clôture implique donc un perpétuel retour du même et de l'autre, cycle de migration des âmes pour leur perfectionnement terrestre que Brunetto Latini exprime au Moyen-Age dans son célèbre "Livre du trésor" où l'auteur reprend l'essentiel de la théorie platonicienne des idées. L'auteur du "Trésor", Brunetto Latini, esquisse ainsi la circularité du monde et du temps, dans une cosmogonie où l'unité se fond au mythe :

> "En ce fu nature bien porveanz quant ele fist l'orbem tout reont ; car nule chose ne puet estre si fermement serrée en soi meisme comme cele qui est reonde. Raison comment : regardez ces charpentiers qui font ces toniaus et ces cuves ; car il ne les porroient en nule manière fermer ne joindre, se par reondece non. Neis une volte, quant on la fait en une maison ou un pont, covient il que il soit fermez pas sa reondece, non mie par lonc ne par lé, ne en nule autre forme.
>
> D'autre part, il n'est nule autre forme qui peust tant de chose tenir ne porprendre comme cele qui est reonde. Raison comment : il ne sera jà si soutis maistres qui de tant de marriens seust faire un vaissel lonc ou quarré ou d'a d'autre forme, où l'on peust metre tant de vin d'assez comme en .i. tonel reont. D'autre part, il n'est nule autre figure qui soit si atornée à movoir et à torner comme la reonde ; et il covient que li ciels et li firmamens se tornent et se remuent toz jours ; et se il ne fust reons, quant il se tornoie, il conviendroit à fine force que il revenist à autre point que au premier dont il estoit meuz.

D'autre part, covient il à fine force que li orbis soit touz plains dedanz soi, si que l'une chose sostiegne l'autre ; car sanz sostenement ne pourroit il mie estre ; comme se ce fust que li mondes fust de long ou de quarré, il ne pourroit estre touz plains si covendroit estre vuides en aucune part, et ce ne porroit pas estre.

Par ces et par maintes autres raisons covient aussi comme par necessité que li orbis ait forme et figure toute reonde, et que toutes choses qui sont enclose dedanz lui, i fussent mises et establies reondement, en tel manière que l'une environe l'autre, et l'enclost dedanz soi si egalment et si à droit que ele ne touche plus d'une part que d'autre. Par ces poez vos entendre que la terre est toute reonde, et autressi son li autre element qui s'entre tiennent en ceste maniere ; car quand une chose est enclose et environée dedanz un autre, il covient que cele qui enclost tiegne cele qui est enclose, et l'enclose soustiegne cele qui l'enclost.

Raison comment : se li blans d'un uef qui environe le moieul ne le tenist enclos dedanz soi, il cherroit sus l'escaille ; et se li moieux ne sostenoit son blanc, certes, il cherroit au fons de l'uef. Et por ce covient il en toutes choses que cele qui est plus dure et plus grief soit toz jors el milieu des autres. (...)."

"Le TRESOR" - Brunet LATIN. (1)

Ce texte corrobore la théorie platonicienne de la circularité du monde et du temps. Le système platonicien de la migration des âmes et de la présence de l'Idée transparaît nettement dans la réponse de la Mort, lorsque Victor Hugo interroge la table et que celle-ci s'exprime en deux mots : LA MORT.

Nous avons donc une vie avant la naissance et une vie après la mort. Pour Platon, avant l'épreuve de la vie terrestre nous avons déjà connu - donc dans une vie antérieure - la splendeur éternelle du monde des Idées. Eternelle car pour Platon les Idées de Bien, de Beau (La splendeur du Vrai), de Justice résistent au temps et sont recherchées par les hommes dans tous les âges. Contemplant ce monde des idées, l'entité incorporée s'incarne pour subir l'épreuve de la vie terrestre, mais il lui reste le souvenir de ce qu'elle a connu avant de naître au monde. Les "copies", les "reflets" et les "ombres" du monde terrestre (d'où ce que l'on appelle "l'idéalisme platonicien") restent la proie du monde sensible mais constituant une pâle reproduction du monde parfait des Idées. A travers ces "copies" se fait donc la

---

1. BRUNETTO LATINI, savant et homme politique, maître de Dante (vers 1220-1294). L'Italie lui doit les premières traductions en langue vulgaire de plusieurs auteurs anciens. Il a principalement composé un monumental et célèbre "Livre du Trésor", véritable encyclopédie en langue d'oïl, où nous avons choisi cet extrait.

"réminiscence" de ce qui fut connu avant, dans cette vie antérieure, conception rappelant le Paradis Perdu, la faute et le rachat puisés par les chrétiens dans l'ancienne cosmologie. D'où la nécessité de l'épreuve et de la mort à considérer comme rite de passage qui permet de retrouver l'Idée et de la contempler.

Nous sommes très proches de la théorie des réincarnations et des vies successives. Si l'âme est immortelle comment maintenir l'absurdité de l'échafaud et de la potence ? Les mystères de la naissance et de la mort dans la grande cosmogonie sont "dévoilés" par l'un des plus grands érudits de tous les temps, Pic de la Mirandole. L'illustre savant, fondateur de la Kabbale occidentale, reprend l'essentiel des théories de Platon qu'il applique à la fondation même de l'Humanisme, école de tolérance et de synthèse universelle tournée vers l'avenir et respectueuse de la Tradition.

L'homme universel, l'initié, l'homme de tolérance et de sciences, de science et de conscience s'appelaient hier Brunetto Latini, Pic de la Mirandole, Rabelais qui avait fait, disait Victor Hugo "cette trouvaille" : le ventre", c'est aujourd'hui cent ans après, le patriarcal "exilé" de Jersey et de Guernesey.

Pic de la Mirandole (Giovani Pico, conte della Mirandola e Concordia, 1463-1494) a composé en 1486, le premier "manifeste de l'humanisme militant" sous le titre révélateur "De la dignité de l'homme".

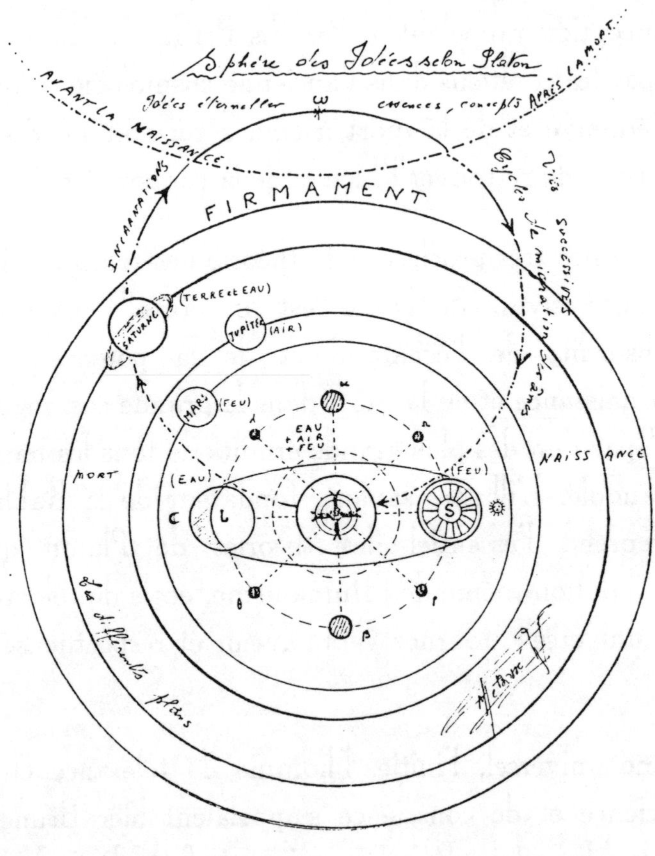

Illustration du "Livre du Trésor" de B. Latin.

(M.V. Le Bossé)

Temps cyclique des migrations des âmes. Cosmogonie de la circularité de l'espace et du temps dans le système philosophique de Platon.

Il y tente une synthèse curieuse entre les enseignements des Ecritures et le courant de pensée "Humaniste".

Lui-même, fort de ses connaissances en langues orientales, a subi l'influence d'idées qui frôlaient l'hérésie, fondées qu'elles étaient, par exemple, sur la Kabbale juive. Le plus grand prédicateur du temps, Savonarole (qui devait périr en 1498 sur le bûcher) admirait l'universalité de sa culture.

Ce texte à lui seul une somme, introduit fort bien le long soliloque de la Mort où s'exprime le mystère de l'en-deça de la vie.

Pic de la Mirandole explique comment l'Idée-force crée la vie, la forme de la substance sur les différents plans :

"Donc notre père, Dieu le Grand Architecte, suivant les lois de la sagesse secrète, construisit cette maison qui est le monde, ce monde que nous voyons, temple sacré de Sa divinité. Il attribua l'intelligence à la région qui s'étend au-delà des cieux. Il anima les sphères célestes d'âmes immortelles et Il emplit les parties méprisables et sales du bas du monde d'une multitude d'animaux de toutes sortes. Mais lorsque Son oeuvre fut achevée, l'Artisan voulut une créature capable de concevoir le plan d'une grande création, d'aimer sa beauté et d'admirer sa grandeur. Donc, lorsque tout fut achevé... Il se mit à envisager la création de l'homme. Mais parmi ses archétypes il n'en était pas un à partir duquel Il pût installer ce contemplateur de l'univers... Enfin, le Grand Artisan décida que l'homme, auquel Il ne pouvait rien donner qui n'appartînt qu'à lui, partagerait toutes les qualités qui étaient particulières à chacune des autres créatures. Donc, il conçut l'homme comme une créature de nature indéterminée et, le plaçant au milieu de l'univers, il lui dit : "Je ne t'ai donné ô Adam, aucune place ni aucune forme n'appartenant qu'à toi seul, ni aucune fonction particulière et pour cette raison, afin que tu puisses avoir et posséder, selon ton désir et ton jugement la place, la forme et les fonctions que tu désireras... Je t'ai placé au centre du monde de sorte que là tu puisses plus aisément observer ce qui est dans le monde. Tu ne participes ni des cieux ni de la terre, tu n'es ni mortel ni immortel afin que, te façonnant toi-même plus librement, tu puisses prendre la forme que tu préféreras..." O suprême générosité de Dieu le Père ! O très haute et très merveilleuse félicité de l'homme ! A lui seul est accordé le pouvoir de posséder ce qui lui plaît, d'être ce qui lui semble bon".

L'avant, le pendant et l'après constituent l'humaine interrogation par-delà les limites du conscient et de l'inconscient.

Mais tous ces plans se résument à une question verticale et dangereuse sur ce qu'il y a après :

"Victor Hugo. - J'ai une question grave à faire. Les êtres qui habitent l'invisible et qui voient la pensée dans nos cerveaux savent que, depuis vingt-cinq ans environ, je m'occupe des questions que la table soulève et approfondit. Dans plus d'une occasion, la table m'a parlé de ce travail ; l'Ombre du Sépulcre m'a engagé à le terminer. Dans ce travail, et il est évident qu'on le connaît là-haut, dans ce travail de vingt-cinq années, j'avais trouvé par la seule méditation plusieurs des résultats qui composent aujourd'hui la révélation de la table, j'avais vu distinctement et affirmé quelques-uns de ces résultats sublimes, j'en avais entrevu d'autres, qui restaient dans mon esprit à l'état de linéaments confus. Les êtres mystérieux et grands qui m'écoutent regardent quand ils le veulent dans ma pensée comme on regarde dans une cave avec un flambeau ; ils connaissent ma conscience, et savent combien tout ce que je viens de dire est rigoureusement exact. Cela est exact au point que j'ai été un moment contrarié dans mon misérable amour-propre humain par la révélation actuelle, venant jeter autour de ma petite lampe de mineur une lumière de foudre et de météore. Aujourd'hui, les choses que j'avais vues en entier, la table les confirme, et les demi-choses, elle les complète. En cet état d'âme, j'ai écrit. L'être qui se nomme l'Ombre du Sépulcre m'a dit de finir mon oeuvre commencée ; l'être qui se nomme l'Idée a été plus loin encore, et m'a "ordonné" de faire des vers appelant la pitié sur les êtres captifs et punis qui composent ce qui semble aux non-voyants la nature morte. J'ai obéi. J'ai fait les vers que l'Idée me demandait (ils ne sont pas encore complètement achevés). Pour être compris, il a fallu expliquer. J'ai dû entrer dans le détail, détail qui contient ma pensée ancienne avec l'élargissement apporté par la révélation nouvelle. Dans ces vers, deux choses sont empruntées à la table en propres termes, "le ver Cléopâtre" et la gradation de la prison au bagne. Je serais d'avis de trouver moyen d'indiquer cet emprunt par une note. Mais avant tout, voici la question que je soumets à la table : "Est-ce que l'Idée ne m'a pas demandé (je devrais dire commandé) ces vers pour qu'ils soient publiés ? Est-ce que l'Ombre du Sépulcre ne m'a pas dit de finir mon oeuvre pour qu'elle fût publiée ?" Cette page est déjà trop longue. J'y ajoute tout ce qui est au fond de ma pensée que la table connaît. Je la consulte sur la question que je viens de lui soumettre, et j'attends la réponse. Il va sans dire que je ferai ce qui me sera dit.

(La table s'agite). (2)

Après cette longue interrogation de l'Ombre du Sépulcre pose la question fatidique :

"Victor Hugo. - Qui est là ?

(réponse) - La Mort.

Victor Hugo - As-tu entendu la question et viens-tu y répondre ?

- Oui.

Victor Hugo. - Nous t'écoutons.

"- Tout grand esprit fait dans sa vie deux oeuvres : son oeuvre de vivant et son oeuvre de fantôme. Dans l'oeuvre du vivant, il jette l'autre monde terrestre ; dans l'oeuvre du fantôme il verse l'autre monde céleste ; tandis que le vivant parle à son siècle la langue qu'il comprend ; travaille au possible, affirme le visible, justifie le juste, prouve la preuve ; tandis que dans ce martyre, lui, le génie, il tient compte de l'imbécillité, lui, le

2. Les Tables tournantes, p. 305.

flambeau, il tient compte de l'ombre ; lui, lelu (3) tient compte de la foule et meurt, lui, le Christ, lui, la (4) monde, entre deux voleurs, si vil, si bafoué et portant une telle couronne qu'un âne brouterait son front ; tandis que le vivant fait ce premier ouvrage, le fantôme pensif, la nuit, pendant le silence universel, s'éveille dans le vivant, ô terreur ! quoi, dit l'être humain, ce n'est pas tout ? Non, répond le spectre, lève-toi, debout, il fait grand vent, les chiens et les renards aboient, les ténèbres sont partout, la nature frissonne et tremble sous la corde du fouet de Dieu ; les crapauds, les serpents, les vers, les orties, les pierres, les grains de sable nous attendent : debout ! Tu viens de travailler pour l'homme, c'est bien : mais l'homme n'est rien, l'homme n'est pas le fond de l'abîme, l'homme n'est pas la chute à pic dans l'horreur, c'est l'animal qui est le précipice, c'est la fleur qui est le gouffre, c'est l'oiseau qui donne le vertige, c'est du ver qu'on voit la tombe. Réveille-toi. Viens faire ton autre oeuvre. Viens regarder l'inabordable, viens contempler l'invisible, viens trouver l'introuvable, viens franchir l'infranchissable, viens justifier l'injustifiable, viens réaliser le non réel, viens prouver l'improuvable. Tu as été le jour, viens être la nuit ; viens être l'ombre ; viens être l'impossible ; viens être le mystère ; viens être l'infini. Ty as été le visage, viens être le crâne ; tu as été le corps, viens être l'âme ; tu as été le vivant, viens être le fantôme. Viens mourir, viens ressusciter, viens créer, viens naître. Je veux qu'après avoir vu ton fardeau, l'homme voie ton envol et sente

3. Ce dernier mot n'ayant pas été compris, la table a dicté : accent aigu sur l'é. Victor Hugo a demandé : lui, l'élu ? La table a répondu oui.

4. Un mot illisible.

confusément passer tes ailes formidables dans le ciel orageux de ton calvaire. Vivant, viens être le vent de la nuit, le bruit de la forêt, l'écume de la vague, l'ombre de l'antre ; viens être l'ouragan, viens être l'immense épouvante de la farouche obscurité. Si le pâtre frémit, que ce soit ton pas qu'il ait entendu ; si le marin tremble, que ce soit ton souffle qu'il ait senti. Je t'emporte avec moi ; l'éclair, notre pâle cheval, se cabre dans la nuée. Allons, sus ! assez de soleil. Aux étoiles ! Aux étoiles ! Aux étoiles !

Le fantôme se tait, et l'oeuvre terrible commence. Les idées dans cette oeuvre n'ont plus visage humain ; l'écrivain-spectre voit les idées-fantômes ; les mots s'effarent, les phrases frissonnent de tous leurs membres, le papier s'agite comme la voile d'un vaisseau dans la tempête, la plume sent la barbe se hérisser, l'encrier devient l'abîme, les lettres flamboient, la table vacille, le plafond tremble, la vitre pâlit, la lampe a peur. Comme elles passent vite les idées-fantômes ! elles entrent dans le cerveau, brillent, épouvantent et disparaissent ; l'oeil de l'écrivain-spectre les regarde planer par tourbillons phosphorescents dans les espaces noirs de l'immensité ; elles viennent de l'infini et elles vont à l'infini ; elles sont splendides et sombres et effrayantes ; elles fécondent ou foudroient ; elles ont créé Shakespeare, Eschyle, Molière, Dante. Cervantès ; Socrate est né d'une idée-fantôme ; Pascal est mort d'une idée-fantôme ; elles sont transparentes et l'on voit Dieu à travers ; elles sont grandes, elles sont bonnes, elles sont augustes ; le crime, la souffrance, la matière fuient devant elles ; elles sont le grand courant du progrès universel. Malheur au mal ! est leur cri, et c'est une heure formidable que celle où passent dans le ciel, s'envolant vers le sabbat de l'immense mystère, effarées et assises sur le prodigieux balai des iniquités, toutes ces sorcières du paradis !" (5).

Ce passage des "Tables tournantes" contient des éléments où la dualité et le combat de l'ombre et de la lumière, chers aux romantiques, apparaissent.

Il faut se souvenir que le Monde platonicien est marqué par une forte dualité notamment entre le sensible et l'intelligible, entre la vie terrestre et la vie célestielle, cette dualité ne peut se résoudre qu'avec la mort pour les Chrétiens héritiers-fondateurs des philosophies anciennes, ce conflit alourdi par le poids de la Faute Originelle se termine sur la croix, à un endroit appelé Golgotha (la Montagne du Crâne) où, dit-on, Adam fut enterré, marquant ainsi que la cyclologie adamique passe par un point d'intersection dans l'espace et dans le temps. Le nouvel Adam n'est-il pas en fait le Christ, son "martyre" "entre deux voleurs" met en relief la triade qui gouverne toute sa vie :

- élément de la Trinité il s'est incarné.
- il meurt à 33 ans, selon les sources officialisées par l'église.
- son corps est percé de trois clous et non de quatre, ses deux pieds étant superposés.

5. Id., p. 309.

- avec les deux brigands, le Christ est le troisième.
- St Pierre le renit trois fois et pleure au chant du coq.
- enfin, il ressuscite le troisième jour.

Le Christ est mort à cause de l'ignorance des hommes, "bafoué et portant une telle couronne qu'un âne brouterait son front". "Debout !" "Réveille-toi", "Viens mourir, viens ressusciter, viens créer, viens naître", autant d'injonctions sans appel qui projettent l'homme dans la grand Tout duquel il participe et auquel il retournera en tant qu'énergie créatrice après sa mort. Les fortes oppositions de ce texte, l'animisme profond qui enlève le lecteur pris dans le tourbillon des forces cosmiques concordent à provoquer le vertige pascalien de la disproportion entre les deux infinis. Mais cette disproportion est en nous, "l'homme ce monstre incompréhensible" de Pascal est la nuit de son propre jour, mourir pour l'initié c'est naître à la vie spirituelle, celle qui dans l'ouragan hugolien libère l'âme de sa pesanteur matérielle et lui permet de s'élever vers l'esprit.

L'homme est un mode de l'existence de Dieu, ce panthéisme, (Fuchs le biographe de Goethe, parlerait de "pandynamisme"), nous permet de "réintégrer", au sens où Martinès de Pasqually et Willernoz l'entendent, notre monade originelle. C'est de cette sphère que nous sommes issus, et à laquelle nous retournons, lorsque notre "double fluidique" et "psychique" rejoint le "plan astral-nerveux", notre oeuvre s'écrit ailleurs, comme la main invisible qui rédige le Coran sous l'oeil du Prophète.

Il existe donc des "idées mortes" et des "idées qui tuent pour reprendre l'heureuse expression du philosophe Roger Garaudy ; les "idées mortes" sont celles qui tombent dans la matière, les "idées qui tuent" ce sont les idées-fantômes comme celles de Pascal, en effet, comment peut-on concevoir l'infini, Dieu, sans sombrer dans le "concept absolu" qui masque l'Idée, car nous n'avons qu'une idée de Dieu. Le génie n'est que le secrétaire des idées-forces qui lui parviennent par delà les limites de la vie et de la mort. Nous naissons de l'idée, c'est elle qui nous engendre, nous façonne, nous crée, en un mot nous habite et parle en nous au nom de l'Eternité ; Socrate, Dante et Shakespeare ne sont que des incarnations (des prête-corps) des idées éternelles qui font de l'écrivain-spectre, le réceptacle actif/passif, comme le prophète, de la mémoire de l'éternité.

La vérité suprême est donc dans la tombe, "c'est du ver qu'on voit la tombe", mais c'est de la tombe qu'apparaît le "fantôme" couche insaisissable des fluidités éternelles que la parole ne saurait transmettre.

Les "sorcières du paradis" et le "balai des iniquités" qui entraînent vers le "Sabbat de l'immense mystère" situent loin l'image controversée qui fait de l'homme un loup pour l'homme et de la liberté, l'idée pour laquelle on a sacrifié tant de libertés.

Le combat de Victor Hugo pour la liberté commence là où tout semble pour le mortel s'achever. Il n'y a pas de vérité terrestre mais beaucoup de mal, de mensonge parce qu'il manque à l'Humanité cette clair-voyance et cette clair-audience que le poète "écho-sonore" amène par son message qui en tous points pour Hugo, est message de l'au-delà. Après ce passage héroïque, le poète pose une nouvelle question à l'esprit :

"- Veux-tu que Charles se repose cinq minutes ?

- Oui.

(On interrompt. Au bout de cinq minutes, on reprend).

Victor Hugo. - Il y a deux fois "l'impossible", après regarder. Que veux-tu mettre ? Es-tu d'avis de changer ?

- Oui.

- Remplace.

- L'inabordable.

Victor Hugo. - Achève maintenant ce que tu avais commencé.

"- L'oeuvre se continue, l'oeuvre s'achève, l'oeuvre de jour a marché, couru, crié, chanté, parlé, flamboyé, aimé, lutté, souffert, consolé, pleuré, prié ; l'oeuvre de nuit, farouche, est restée silencieuse ; l'aigle a fini avec le soleil, la chauve-souris commence avec la tombe. Il est mort, c'est bien heureux, dit le mal ; c'est bien heureux, dit l'erreur ; c'est bien heureux, dit l'envie ; non, répond la tombe, je ne me ferme pas. Je m'ouvre. Je ne suis pas le mur de la vie, j'en suis la porte. Vous croyez qu'il a tout dit, erreur. Regardez, écoutez, tremblez, il est nuit dans le cimetière ; la tombe est là, humble, oubliée, profonde : l'herbe y murmure seule contre la ruine ; tout à coup, la pierre se soulève, l'épitaphe s'émeut, et quelqu'un sort du sépulcre. C'est le fantôme. Que vient-il faire ? Il vient vivre ; il vient parler ; il vient lutter ; il vient remplacer le vivant ; il se fait homme ; il va, il court ; il remplit le monde ; il fait tourner la lourde vis des presses épouvantées ; il fait bondir de son souffle vertigineux les lettres de plomb effarées ; il est dans la chaudière à vapeur ; il est dans les roues de la machine, et l'on entrevoit ses bras mystérieux s'agitant dans l'atelier et distribuant à la vie l'oeuvre de la mort. IL est dans la foule ; il est dans le théâtre ; il est dans la rue ; il vient surprendre brusquement le monde endormi, et lui, l'inconnu, il surgit comme l'inattendu, il devient le rêve du siècle dont il est l'idée. Plus de contestations ; l'homme est mort et les vers chassent les corbeaux ; la postérité émue, recueillie, pénétrée d'une horreur sacrée, entre dans son théâtre solennel et redouté. Prenez vos places pour l'infini, le lustre d'étoiles et la rampe de constellations sont allumés ; en place ! Le drame commence. Silence ! Le suaire se lève. J'arrive à ta question. Elle est délicate. Avant tout, ce que nous voulons, c'est le libre arbitre de l'homme ; ici, je n'ai rien à commander. Publie si tu veux. Voici seulement ce que j'ai à te dire : Sois l'OEdipe de ta vie et le Sphinx de ta tombe."

(Clos à sept heures). (6)

---

6. Ibid., Séance du mardi 19 septembre 1854, une heure et demie de l'après midi. Tenant la table : Mme Victor Hugo, Charles. Présents : Victor Hugo, Auguste Vacquerie, François-Victor Hugo.

La seule vérité intemporelle de l'oeuvre, du magistère scriptural passe donc par l'épreuve de la terre qui n'est autre que la mort à la vie profane. Le "caput mortuum" des Alchimistes, la Tourbe philosophale, la chair morte, peuvent être symbolisés par le tombeau, ce grand rite de passage signifie la fin d'une étape, celle de la matière opaque et pesante qui tombe au fond du creuset de la vie. C'est avec le tombeau, réceptacle frileux des chairs mortes que s'ouvre la perspective étroite de la quintessence, le cadavre ne persiste que dans la mémoire affective des êtres aux prises avec la douleur que leur occasionne la disparition d'un être cher.

Du fantastique nous allons quasiment vers le "fantasque", nous serions tentés de l'écrire "phantasque" comme s'il existait un terme hybride, une expression dérivée de fantastique, de fantasque et de phantasme au sens freudien puis lacanien du terme. Le triomphe de la mort fait alors intervenir une chorégraphie judicieusement réglée, par les projections et alliances de mots poétiques la voix du Sépulcre nous fait assister au théâtre de l'après-mort : "Prenez vos places pour l'infini, le lustre d'étoiles et la rampe de constellations sont allumés : en place ! Le drame commence". Et par une transposition verbale étonnante retentit le troisième coup ou plus précisément le "silence !" qui annonce le début du spectacle. C'est alors que par substitution métaphysique en guise de rideau "le suaire se lève !". Et l'oeuvre s'accomplit, le texte s'auto-écrit, le libre-arbitre qui secoue le vieux joug de la scolastique depuis Abélard au XIIème siècle dans sa controverse avec Saint Bernard de Clairvaux, en passant par

Rabelais au XVIème siècle lorsqu'il attaque l'enseignement désuet de la Sorbonne, le libre-arbitre donc, n'est plus nécessaire après la mort, car la conscience qui en principe s'abolit avec celle-ci (nihilisation de l'essence) se dilue dans la fluidité extratemporelle.

L'énigme de fin de séance est aussi imposante que celle du sphinx à Oedipe lorsqu'il revient à Thèbes. Il faut se souvenir que le destin est le fils de Laïos, roi de Thèbes. Il est condamné par les dieux, et son errance est le moyen d'essayer de dissimuler ce destin tragique, d'oublier et plus encore de faire oublier. En chemin, Oedipe tue un homme, c'est son propre père, voulant entrer dans Thèbes, il doit résoudre l'énigme du Sphinx :

- Quel est l'animal qui marche à quatre pattes le matin, sur deux pattes le midi et sur trois pattes le soir ? Il s'agit de l'homme aux trois âges de la vie. Cette bonne réponse lui permet d'entrer dans la ville de Thèbes et d'épouser la reine. Or Jocaste est sa propre mère, de honte Oedipe se crève les yeux, ce geste est bien entendu un acte d'autopunition lié au complexe de castration qui résulte de la culpabilité refoulée à la suite de la consommation incestueuse de l'amour à l'égard de la mère. Le fils est en effet le second époux de la mère, dans "Phèdre" de Racine, l'héroïne pendant l'absence de Thésée avoue son amour à son beau-fils Hippolyte en utilisant l'image du "père"; Thésée a eu Hippolyte d'un premier lit et Phèdre n'est que la seconde épouse. Jeune, elle tombe amoureuse de son propre beau-fils ; n'y a-t-il pas là le schéma classique de l'Oedipe inversé. Que signifie alors cette énigme finale qui ressemble à une maxime :

"Sois l'Oedipe de ta vie et le Sphinx de ta tombe."

La formulation est aussi difficile à saisir que le jargon des prophètes ou les rêves de Pharaon. Nous y voyons pour notre part la double dimension de la vie et de la mort dans la plus parfaite réalisation du temps imparti à chaque épreuve. L'aspect tragique de la vie, l'impératif de valeur injonctive "sois" sont une invitation aussi forte que le "Carpe diem" d'Horace. Il faut assumer, il faut franchir chaque épreuve comme autant de morts successives, on peut remarquer que trois épreuves principales marquent le destin d'Oedipe jusqu'à la descente dans la nuit intérieure, lorsqu'il se crève les yeux. Dans certaines initiations les yeux sont bandés.

Comment peut-on être à la fois le poseur d'énigme et l'interpelé, le récipiendaire qui subit la question faute de pouvoir la poser. Parce que la question est toujours extérieure à moi bien qu'elle m'habite sans que j'en aie pris au préalable conscience. La montée vers la conscience de soi se fait par un accident, par une rupture existentielle du dehors. Du dehors vers le dedans. J'intériorise mon propre destin, je m'approprie mon propre corps (si tant est que le pléonasme soit permis) et j'accède à la maîtrise de mon propre destin, ayant acquis ma propre identité lorsque la pesante image du père a cessé d'envahir mon chemin.

La voix du Sépulcre se fait ici plus claire car l'énigme est en nous, emportée dans la tombe, ce secret revient à se substituer au "logos" qui régit notre destinée, le sphinx constitue alors avec la matière froide et inerte de la tombe l'obstacle symbolique qu'il faut franchir car le sphinx c'est le Double, mélange d'homme et de bête, les ailes de l'oiseau permettent de traverser l'éther au-dessus du monde pesant et matériel tel l'Albatros de Charles Baudelaire. Le questionné se fait maintenant questionneur car il ne s'agit plus du même et de l'autre.

VOYAGE AU PAYS DE L'APRES-MORT

Dans le silence profond des hypogées de l'Ancienne Egypte repose le grand mystère de la mort. Alors que le sable du désert déroule son écharpe mauve et violette aux premiers feux de l'aurore, la grande cité des ibis et des babouins garde les secrets éternels du dieu Thot. Hermopolis n'est plus qu'un haut lieu du désert, balayé par le vent aride qui tourbillonne sur les collines. Ici on momifiait les ibis et des milliers de petites boîtes en forme de cercueils sont encastrées dans les parois de l'immense hypogée souterraine aussi alvéolée qu'une ruche précieuse où l'on aurait déposé chaque âme dans la cavité qui lui était réservée. Les ânes et les chameaux longent la piste squelettique tandis que le soleil rougeoie sur les collines en plis de serviettes. Tounah el Gebel !

L'allée pavée qui mène au tombeau du Grand Prêtre Pétosiris se recouvre de sédiments de poteries et de tuiles, le reflet jaune ocre des piliers s'estompe sur le fond de ciel azuré, au loin on entend le cri aigu d'un oiseau. Après avoir descendu les marches de l'immense nécropole on se trouve en face du mystère le plus poignant : des monticules d'ossements de babouins à l'état de poussière, les lambeaux de bandelettes couverts d'hiéroglyphes aux immenses couloirs taillés dans le roc sur des kilomètres l'oeil profane s'égare, et le visiteur néophyte prend peur.

Dans le Temple d'Abydos dédié à Séti 1er, père de Ramsès II on initiait, à Hermopolis repose le Grand Secret de l'après-mort. Hier, aujourd'hui et de tout temps. La célébration de la mort, les rites funéraires chez les Egyptiens, les Grecs leurs héritiers-fondateurs d'un point de vue théologique et les Romains élevaient le regard des peuples de l'Antiquité vers l'interrogation suprême.

Car le mystère de la mort est en partie enseveli dans les sables de l'Egypte et l'énigme se trouve entre les pattes du sphinx.

L'art du statuaire et du marbrier, le mobilier funéraire, les mausolées, les nécropoles sont hantés par le souvenir des défunts, caressés par la main diaphane du fantôme. Les Romains plantaient des myrtes dans les cimetières pour empêcher le retour des morts, le célèbre poète de la Renaissance Pierre de Ronsard n'écrivait-il pas en guise de testament :

- "Je serai sous la terre et fantôme sans os
Par les ombres myrteux, je prendrai mon repos."

Au Moyen-Age, Hélinant de Froimont avait chanté dans ses "Vers de la Mort", le visage terreux de la camarde, Villon et plus tard au XIXème siècle, Théodore de Banville dans leur "Ballade des pendus" mêlent aux accents des regrets funestes leur complainte de l'au-delà.

Aloysius Bertrand dans "Gaspard de la nuit" et Guy de Maupassant dans Le Horla se laissent frôler par le fantôme qui vampirise nuitamment le poète assoupi. Le XIXème siècle est en proie au fantastique dont l'Allemagne devient la terre de prédilection notamment avec Hoffman, mais la culture anglo-saxonne, que ce soit avec "Le Moine" de Lewis ou la peinture de J. Martin également s'imprègne de la présence de l'au-delà.

Les djinns des Contes arabes, les Vampires, les Vandralaks des Carpathes connaissent une grande reviviscence au XVIIIème mais surtout au XIXème siècle, Bram Stoker et sa célèbre entité vampirique "Dracula" quittent le siècle des Lumières pour s'installer dans un siècle où l'industrialisation et les séquelles du Romantisme en Europe jettent un drap crépusculaire sur les consciences angoissées.

Conan Doyle, le père du célèbre "Sherlock Holmes" et Victor Hugo interrogent les tables à la fin du XIXème siècle, or c'est en 1860 qu'Ernest Renan rédige L'Avenir de la science, en 1865 Claude Bernard L'Introduction à la méthode expérimentale. A la fin du XIXème siècle, le rationalisme étroit et le positivisme triomphant commencent leur déclin ; d'autres sciences vont apparaître comme les sciences humaines, comme la sociologie et la psychanalyse mais également au début du XXème siècle les premières observations sur la radioactivité avec Henri Bequerel qui ouvrent d'autres horizons. Hugo avait déjà compris qu'il y avait une autre interprétation de l'esprit et de la matière que celle de l'évolutionnisme darwinien ou du matérialisme scientifique.

Les tables de Jersey seront des machines à remonter le temps par lesquelles pourront s'exprimer les personnages les plus illustres.

LES MORTS ILLUSTRES DU PANTHEON HUGOLIEN

Il faudrait consacrer un ouvrage entier à chacun des illustres visiteurs du soir qui viennent révéler les secrets de la vie après la mort aux tables de Jersey.

D'abord ceux-ci n'apparaissent pas dans une chronologie réelle. Le poète grec Anacréon auteur ancien des Odes qui inspirèrent Ronsard, livre son message en même temps que des écrivains plus récents. Ainsi voyons-nous s'exprimer pendant la même séance du 19 février 1854, à neuf heures et demie du soir, Molière questionné en vers par Auguste Vacquerie sur Les Femmes Savantes, Eschyle le poète tragique de l'Antiquité grecque qui se querelle sur l'expression avec Victor Hugo et Aristophane, l'auteur des comédies de société qui s'oppose à la fameuse oligarchie des trente.

Chateaubriand auquel très jeune, Victor Hugo avait voué un véritable culte, parle de son rocher du Grand Bé à ce poète devenu un voisin par l'exil, à ce poète qui dira sur le Rocher des Proscrits : "Et s'il n'en reste qu'un je serai celui-là". C'est ce même poète, qui tout jeune s'était écrié : "je veux être Chateaubriand ou rien du tout". Chateaubriand, lors de la séance du 13 septembre 1853 répond à Victor Hugo :

"V. Hugo - Parle.

L'esprit de Chateaubriand - J'ai lu ton livre.

V. Hugo - Napoléon-le-Petit ?

- Oui.

V. Hugo - Dis-nous ce que tu en penses.

- Mes os ont remué.

V. Hugo - Parle. Tu sais que je lutterai jusqu'à la mort pour la liberté ;

- République.

(Et là on reconnait le Chateaubriand monarchiste légitimiste irrité par le mot même de République que Victor Hugo souhaiterait universelle.)

V. Hugo - La République, c'est l'avenir, n'est-ce pas ?

Réponse de l'esprit de Chateaubriand - je ne vois que l'éternité.

Alors que Victor Hugo pose l'ultime question :

- Es-tu toujours là, Chateaubriand ?

- Non.

V. Hugo - Qui es-tu ?

Réponse - Dante.

Et Dante a cette réflexion troublante, lui le grand initié, auteur de la Divine Comédie, oeuvre entièrement initiatique marquée par les grands voyages de l'adepte (l'Humanité) dont l'Enfer n'est qu'une épreuve où il faut abandonner tout espoir, c'est-à-dire tout ce qui reste d'illusions profanes. Et c'est précisément le monde profane de l'illusion qui empêche d'accéder à la plus difficile des voies, la voie initiatique.

Dante répond à Victor Hugo en ces termes :

- L'exil vient au bord de la tombe, puis il ajoute :

"- comprends, l'amour est. La haine n'est pas."

Tout symboliste averti comprend que l'esprit de Dante fait allusion à la mort de l'initié à la vie profane, à sa renaissance dans la vie initiatique dont le maillon le plus important est l'amour dont la haine n'est qu'une sous-énergie dans le perpétuel conflit entre les lois d'entropie et de nécentropie ; lorsque l'esprit tombe dans la matière, il s'inscrit dans le "règne de la quantité" pour reprendre René Guénon, et perd ce qui lui permet de s'élever : la loi d'Amour.

Brusquement Dante disparait et fait place à Racine.

"Auguste Vacquerie - Parle.

(Réponse de Racine) - La gloire ment.

Auguste Vacquerie - Dis-tu cela pour toi ?

- Oui.

Auguste Vacquerie - Tu trouves donc que j'ai eu raison de te contester ?

- Oui.

Auguste Vacquerie - Tu reconnais que tu as fait des précis étriqués ?

- J'étais gêné.

Auguste Vacquerie - Est-ce un remords pour toi maintenant d'avoir laissé une réputation supérieure à ton oeuvre ?

- Ma perruque est roussie.

Auguste Vacquerie - Qu'est-ce qui l'a roussie ?

- Le feu.

Auguste Vacquerie - Le feu de quoi ?

- Du drame.

Auguste Vacquerie - Que penses-tu d'"Athalie" ?

- Grands vers.

Auguste Vacquerie - Veux-tu dire qu'ils ont douze syllabes ?

- Oui.

Auguste Vacquerie - Dans le monde où tu es, la littérature a-t-elle encore quelque importance ?

- Elle est un écho.

La séance se termine à trois heures et demie du matin.

Lors de la séance du 19 septembre 1853, à laquelle participent : Charles Hugo, François-Victor Hugo et Auguste Vacquerie, après une discussion animée autour des oeuvres de Cervantès, d'Esope et de Rabelais, la critique intervient pour corriger les erreurs dont sont victimes ces écrivains. Curieusement à l'interrogation formulée par Auguste Vacquerie à la critique (l'esprit) s'exprime ainsi :

Auguste Vacquerie - Quelle erreur ?

(La critique) - Dans l'appréciation des grands poètes dramatiques.

- En quoi consiste cette erreur ? Sur quels poètes porte-t-elle ?

- Esope, Cervantès, Rabelais.

- Quelle erreur commettons-nous quant à Esope ?

- Esope, difforme, a créé le beau moral ; esclave, la liberté intellectuelle ; malheureux, l'espérance ; martyr de la réalité, la fable.

- Quant à Cervantès ?

(Et nous serions tentés de dire que le picaresque existe autant chez Rabelais que dans l'oeuvre de Cervantès).

"- Hugo prend Don Quichotte pour un bouffon, c'est un martyr [...]

- Ainsi Cervantès avait pleine conscience de son oeuvre ?

- Cervantès savait ce qu'il faisait. Dieu sait ce qu'il fait. On n'est pas créateur par hasard. Le génie n'est pas le lansquenet.

- Parle de Rabelais maintenant.

(La critique répond).

- Rabelais vint dans un temps terrible pour le libre penseur ; il attaqua la foi, mais l'inquisition était là. Il riait, mais il tremblait. Gargantua, Pantagruel, Panurge ne sont comiques qu'en apparence, dessous leur accoutrement burlesque ils sont armés, ils sont les pantins pour l'inquisition, mais ils sont des géants contre la foi."

L'esprit de la critique illustre bien ainsi la célèbre devise du Prologue au Gargantua : "L'habit ne fait pas le moine" et nous reconnaissons là, dans l'évocation de Rabelais, cette habile distinction qu'il faut faire, comme dans l'oeuvre de Don Quichotte, entre l'être et le paraître, l'extérieure apparence et l'existence profonde de chaque être et de chaque oeuvre de pensée humaine. Tout n'est que symboles au moins en apparence, mais ce sont ces figures-là qui conduisent aux secrets les plus profonds ; Rabelais n'induit-il pas son lecteur sur cette voie dans son prologue au livre II ; relisons ce prologue :

"Et, posé le cas qu'au sens littéral vous trouviez matières assez joyeuses et bien correspondantes au nom, toutefois pas demeurer là ne faut, comme au chant des sirènes ; ains à plus haut sens interpréter ce que par adventure cuidiez dit "en gaieté de coeur"."

Posé ce postulat de lecture et de déchiffrage, Rabelais, vraisemblablement grand initié laisse un code à celui qui sait lire en trois points :

"Puis, par curieuse leçon et méditation fréquente, rompre l'os et sucer la substantifique moelle, c'est-à-dire ce que j'entends par ces symboles pythagoriques (1), avec espoir certain d'être faits escors et preux à la dite lecture, car en icelle bien autre goût trouverez, et doctrine plus absconse ; laquelle vous révèlera de très hauts sacrements et mystères horrifiques, tant en ce qui concerne notre religion que aussi l'état politique et vie économique".

---

1. Pythagore avec Les Vers dorés et Le Tétractys est la base de toute science sacrée des nombres en Occident.

A lui seul ce texte montre que Rabelais avait un très haut niveau de connaissance de la voie initiatique. D'abord les symboles, sont pythagoriques, c'est-à-dire qu'ils fonctionnent sur le sens sacré des nombres, ce savoir concerne tous les initiés, ensuite que signifie cette triade constituée par doctrine plus absconse, très hauts sacrements et mystères horrifiques ? Que le nombre trois est non seulement spéculatif, - absconditus - signifie caché comme - ministerium - (qui donne mystère), mais aussi opératif car il recouvre trois réalités de la vie profane : la religion, la politique et l'économie.

A ce propos, alors que beaucoup d'écrivains avaient dénigré Rabelais le grand inventeur de "Messer Gaster maître ès arts de ce monde" et la très symbolique Dive Bouteille (quintessence des Alchimistes), Victor Hugo avait eu cette remarque : "Rabelais a fait cette trouvaille : le Ventre !".

Vient ensuite le défilé des critiques à un rythme très rapide et la Critique parle :

"- Veux-tu nous dire la liste des grands critiques littéraires ?

- Il n'y a de grands critiques que les grands poètes.

- Approuves-tu la liste des poètes donnée par la Tragédie ?

- Oui.

- Dis-moi sur Racine un mot qui le caractérise ?

- Eleveur de Munitos.

- Y a-t-il des Munitos aujourd'hui ?

- Oui.

- Nomme-les.

- Augier, Ponsard, Viennet, Ancelot, Flourens, Saint-Marc Girardin, Nisard, Rolle, Planche, Cousin, l'Académie française, moins les belluaires d'idées.

- Quels sont ces belluaires ?

- Hugo, Lamartine.

- Que penses-tu d'Alfred de Musset ?

- Munito enragé.

- D'Alfred de Vigny ?

- Caniche des salons.

- Que penses-tu de Mérimée ?

- King-Charles des vieilles femmes.

- Que penses-tu de Narcisse de Salvandy ?

- Chien à toupet.

- De Saint-Marc Girardin ?

- L'offrir à Flourens.

- Un mot spécial sur Ponsard ?

- Chien de tourne-broche.

- Pourquoi chien de tourne-broche ?

- Il est si frileux.

- Explique-toi.

- Une métaphore l'enrhume.

- Et Emile Augier ?

- Munito chauve déjà usé par le coiffeur.

(Chacune de ces réponses est accueillie par des éclats de rire et des bravos).

- Pendant que tu es en train de faire des mots si spirituels sur tout le monde, dis-en un sur moi.

- Déjà dit.

- Pas par toi : voyons, je mérite bien que tu me dises une parole, toi qui es la Critique, à moi qui ai fait tant de critique. Est-ce que tu ne m'es pas un peu reconnaissante ?

- Si.

- Eh bien, parle-moi.

- Monsieur, j'ai l'honneur d'être, etc...

- Tu te moques de moi ?

- Oui.

- Tu as tort de te moquer de quelqu'un qui t'a toujours prise au sérieux.

- Passe-moi la casse, je te passerai le sené.

- Parlons sérieusement : je désire savoir ce que tu penses de ma critique. Ai-je eu raison d'admirer ce que j'ai glorifié et d'attaquer ce que j'ai combattu ? Dis-moi si j'ai ton approbation qui me serait si précieuse ?

- A flatteur, flatteur et demi.

- Si tu t'obstines à répondre par des plaisanteries à une question sérieuse, je croirai que tu n'est pas la Critique.

- Questionne-moi et tu verras.

- Eh bien, qu'est-ce que Shakespeare ?

- Plongeur de l'âme.

- Continue.

- Non.

- Es-tu partie ?

- Non.

- Maintenant dis ce qu'il te plaira, puisque tu n'as pas voulu répondre à la question que je t'ai faite, je ne veux plus te faire de question.

- Vacquerie, tu es petit, tu te fâches de mon silence sur ta critique ; ton oeuvre, c'est ta vraie critique.

- Tu as raison. La critique n'est rien auprès de l'oeuvre. Je te parlais avec la déférence que j'ai pour le mystère, mais puisque tu fais la fière je te déclare que je n'ai jamais eu pour toi qu'un respect très modéré, je peux le dire, moi qui ai noirci tant de feuilletons de journaux, toute la critique du monde ne vaut pas un vers de Shakespeare.

- Je le pense.

- Si tu as cette modestie, comment as-tu cette fierté ?

- Je suis la Critique, non le critique.

- La poésie existe dans les poètes, la critique dans les critiques. Si tous les critiques ne sont rien, tu n'es rien..."

Dans cette communication vient ensuite un passage étonnant où la Beauté au sens platonicien du terme et le miroir sont associés à l'interrogation intérieure. Comme si avant Le Testament d'Orphée de Cocteau, on trouvait déjà là dans ce texte mystérieux l'objet symbolique du franchissement et de la quête de l'autre moi.

Celui qui se cache, l'Autre Scène, l'Enfer impénétrable : l'inconscient profond.

L'idée s'exprime ensuite et ce passage nous fait immédiatement penser à du Bellay notamment à son poème intitulé : "L'Idée", mais plus précisément encore à Baudelaire dans Les Fleurs du mal, qui associe les deux thèmes platoniciens de la "Beauté" et de "L'Idéal" dans Spleen et Idéal.

La Critique va donc répondre à la question posée :

"- La beauté, c'est quelque chose. Qu'est-ce sans le miroir ?

- C'est tout. Quand même il n'y aurait pas un seul miroir au monde, la beauté existerait.

- Imbécile, tu entends par le miroir un morceau de verre. Le miroir c'est l'oeil qui contemple, c'est le coeur qui aime, c'est le statuaire qui s'inspire. La critique c'est l'art. Le miroir c'est la beauté.

- Ce n'est pas vrai ! Le rayon n'a pas besoin du reflet, la voix existe sans l'écho, tous les hommes seraient aveugles qu'ils n'éteindraient pas le soleil. Shakespeare n'a pas mille lecteurs et est universel. Tu me trouves petit, je te trouve petite. Puisqu'il te plaît que nous refassions la scène de Vadius et de Trissotin, j'en suis. Je ne baisserai devant toi ni le front, ni la voix. Non ! tu n'est pas nécessaire aux poètes ! tu fais du bruit autour d'eux, tu cries leur nom à la foule, ta trompette attroupe les passants, tu fais acheter leurs vers, tu leur gagnes de l'argent, tu les fais manger, tu es la servante de leur ventre, - mais leur génie se passe de toi. Tu n'as rien de commun avec leurs rêves. Ils ont leur hippogriffe pour monter dans leur pensée étoilée ; tu es tout au plus la Rossinante qui les porte au marché.

(La table frappe avec violence).

- O homme ! pense aux latrines d'où tu viens et à la tombe où tu vas.

(La table se met à tourner furieusement).

- Est-ce toujours la Critique qui est là ?

- Non.

- Qui es-tu ?

- L'Idée.

- Parle.

- Je viens mettre le holà entre un esprit et une idée.

- Toi, je te respecte. Tu sais que j'ai toujours été le serviteur de l'Idée.

- Oui, mais il me semble que tu retroussais la manche de ta livrée.

- Je ne me suis pas révolté contre toi, mais contre une idée inférieure et hargneuse qui m'a raillé et injurié, à qui donnes-tu tort ?

- A toi.

- Comment ! à moi ?

- C'est toi qui as commencé la colère. J'étais dans ton cerveau et j'ai reçu la ruade de ta brutalité.

- Ce n'est pas moi qui ai commencé les injures. Quand même ce serait moi, chez qui la colère et l'injure sont-elles plus excusables, chez un homme que le sang emporte, ou chez une idée qui vient de l'azur et qui devrait en avoir la sérénité ?

- Cessons cela.

- Je veux bien, mais je ne suis pas convaincu.

- Prends garde à moi.

- Je te respecte infiniment, mais je te donnerai raison quand tu m'auras donné des raisons.

- Humilie-toi.

- Je n'ai pas l'habitude de m'humilier sans être convaincu.

- Bien, j'accepte le défi.

- Ce n'est pas un défi, mais j'ai ma raison et ma conscience. Persuade-moi et je t'obéirai. Mais avant d'être convaincu, jamais.

(Le mouvement de la table s'adoucit).

- Homme, écoute ; tu as tort. Relis le compte rendu, tu verras que la Critique t'a remercié.

(On relit le procès-verbal).

- Je reconnais que la critique m'avait dit un mot de remerciement. Elle a pu croire que cette approbation venant d'elle devait suffire. J'ai eu tort de ne pas m'en contenter. Veux-tu la prier de revenir pour que je me raccommode avec elle ?

(Mouvement circulaire de la table).

- Qui est là ?

- La Critique.

- Je te remercie d'être revenue. J'ai reconnu que tu m'avais dit un mot d'approbation qui, de ta part, aurait dû me suffire. Oublie ce que je t'ai dit dans un mouvement de colère. Me pardonnes-tu ?

- Oui.

- Eh bien, parle-moi.

- Oui.

- Quand je t'ai demandé de caractériser Shakespeare, tu as dit : plongeur de l'âme. Veux-tu nous développer ce mot ?

- L'âme humaine avant Shakespeare était une mer insondée. Eschyle avait eu tout de la mer, la tempête, le vent, l'éclair, l'écume, le roc, le ciel, tout excepté la perle ; Shakespeare a plongé et il a rapporté l'amour.

- Le Roman nous a donné rendez-vous pour cinq heures. Nous ne voudrions pas le renvoyer et nous ne voudrions pas te quitter si vite après notre réconciliation. Nous te confions notre embarras. Veux-tu arranger l'affaire ?

- Bien. Le Roman reviendra demain.

- A quelle heure ?

- A six heures.

- Ma mère arrive à Jersey demain. Si le Roman pouvait venir plus tôt, cela m'irait mieux. Peut-il venir demain matin ?

- Non.

- Peut-il après-demain ?

- Oui.

- A quelle heure ?

- Six heures.

- Parle-nous de Molière."

Et le texte dicté par l'Esprit se fait de plus en plus pathétique :

"- Molière a révélé le coeur humain, il a fait le tour de l'âme ; il a découvert la douleur dans le rire, Arnolphe, Alceste, Sganarelle, le Bourgeois Gentilhomme, sont des rieurs sévères qui mettent un doigt sur leur bouche et qui disent : silence ! on pleure."

Ce "silence ! on pleure" est d'une intouchable beauté, comme l'oeuvre du grand Molière et cette séance va se terminer sur un vrai chant homérique :

"- De quel Sganarelle parles-tu ?

- De Sganarelle de Don Juan.

- Tu n'as pas nommé Tartuffe et l'Avare. Ne sont-ce pas pour toi des chefs-d'oeuvre ?

- Oui.

- Pourquoi ne les as-tu pas nommés ?

- Ajoute-les.

- Veux-tu nous continuer la liste commencée par la Tragédie, et continuée par le Drame ?

- Michel-Ange, Rubens, Rembrandt, Raphaël, Puget, David, le Romancero.

- Est-ce que le Romancero est un homme ?

- Non.

- Pourquoi le mets-tu dans les poètes dramatiques ?

- L'Iliade n'est pas un poète et pourtant on l'appelle Homère.

- Tu trouves donc que David est un génie. En quoi consiste sa grandeur ?

- Dans la république. Jusqu'à lui le peuple n'avait eu que le pavé des rues, il lui a donné le marbre des frontons.

- Sont-ce les mêmes rhapsodes qui ont fait les deux poèmes attribués à Homère ?

- Non. Le monde naît, il s'éveille du chaos, son premier cri est un chant. Il n'a pas encore de poète, il faut plusieurs siècles d'oiseaux. Les rhapsodes sont les oiseaux, Homère est le poète."

Comment ne pas reconnaître dans ce grand chant épique la libération du chant du Monde ?

ENTRE AUTRES REVELATIONS DE LA TABLE

Tous les thèmes se trouvent ainsi abordés les uns après les autres et la Critique se retrouve face à Balzac et à Georges Sand. Viennent ensuite Voltaire et Théophile Gautier puis Alfred de Musset, Alexandre Dumas, Eugène Sue :

"Samedi 24 septembre 1853, trois heures (jour).

Charles et Madame Hugo tiennent la table, Auguste Vacquerie interroge.

- Qui est là ?

- La Critique.

- As-tu une communication à nous faire ?

- Oui.

- Parle.

- Interroge.

- Que penses-tu de Balzac ?

- Il est le porte-clefs du coeur. Jusqu'à lui, le coeur humain était verrouillé. La porte de l'âme des femmes s'entrebaîllait. L'amour avait bien été tout grand ouvert par

Shakespeare, par Goethe et par Hugo, mais les petites douleurs de cette immense souffrance étaient restées ignorées. Balzac a été l'huissier sublime qui fait l'inventaire du désespoir. Il a jeté sur l'âme dévastée de la femme trahie son coup d'oeil profond et tendre, il a sondé toutes les armoires ; il a ramassé le mouchoir trempé de larmes ; il a recueilli le ruban fané, il a respiré la fleur tombée du bouquet de bal ; il a baisé le gant parfumé et abandonné par l'amour, mais non par son parfum ; il a tout vu dans l'invisible, tout trouvé dans l'inconnu, tout nommé dans l'ignoré. Pour les grands peintres comme Shakespeare, le coeur de la femme c'est l'infini dans le mignon. Pour Hugo, c'est un abîme ; pour Balzac, c'est une corolle. Les uns devinent la mort dans le drap noir qui tend toute la porte du coeur ; l'autre pressent la tombe dans une feuille de rose flétrie et trouvée sur la route de l'âme. les premiers sont les prêtres du convoi, le second en est le chien.

- Je trouve que tu n'as parlé que du petit côté de Balzac. Le plus souvent, c'est vrai, il regarde le coeur à la loupe ; mais quelquefois il jette la loupe et plonge dans la vie un regard trouble et visionnaire qui donne le vertige aux choses. C'est alors qu'il est grand.

- Le côté trouble des oeuvres claires ne vaut pas les parties éclairées. Tu me dis : parle-moi du soleil, et tu me reproches d'avoir oublié le nuage.

- Balzac n'est pas grand seulement par le trouble et dans la nuit. La Duchesse de Langeais et le Père Goriot sont grands en plein jour. De plus, tu n'as traité Balzac que comme un créateur de femmes ; il a créé des hommes aussi.

- La duchesse de Langeais est une femme qui aime et qui souffre : j'ai parlé de l'amour. Le père Goriot est une mère qui aime et qui se dévoue : j'ai parlé de l'amour.

- Parle-moi de George Sand.

- Femme déchue qui rachète la femme.

- Dans quel sens, déchue ?

- Pour la femme qu'elle rachète.

- Parle plus clairement.

- Les femmes méprisent George Sand et c'est elle qui les relève. Une moitié de l'oeuvre de George Sand est dans la vie de Mme Dudevant.

- Caractérise son oeuvre.

- L'homme, depuis le commencement du monde, a eu les privilèges, la femme les fardeaux. L'homme a eu les trônes, il a été le roi, le maître, le créateur, le poète, il a toujours de préférence chanté l'homme. Pour l'antiquité, la femme était une esclave ; pour le moyen-âge, c'était une servante ; pour l'ancien régime, c'était une courtisane ; pour la Révolution, c'était une citoyenne ; pour l'Empire une femelle ; pour l'avenir, c'est la femme. George Sand est l'apôtre de l'avenir des femmes. Mme de

Sévigné était l'éventail. Mme de Staël était la plume, George Sand est l'outil. Balzac n'avait vu dans la femme que le côté humain, George Sand y a vu aussi le côté social. Balzac a été le chien du convoi, George Sand est la soeur de charité de l'hôpital.

- Puisque les grands poètes dramatiques sont les créateurs par la pensée et par l'amour, pourquoi ne mets-tu pas George Sand dans la liste ?

- Il lui manque, comme à Balzac, le style. George Sand n'est que le maçon, Balzac n'est que le mineur ; pour être grand, il faut être plus que le mineur qui trouve l'or, il faut être le ciseleur qui fait le bijou. Il faut être plus que le maçon qui construit la muraille, il faut être le monument.

- Pourquoi n'y as-tu pas mis Voltaire ?

- Voltaire n'est pas complet. L'oeuvre philosophique est immense, mais l'oeuvre littéraire est infime. L'Encyclopédie le couronne, Tancrède le destitue.

Mme Hugo. - Dis-moi que ce je pense.

- Envoie chercher Robert Houdin.

- Ta réponse est un peu sèche.

- Pour vous convaincre, l'Idée a fait des tours de force. Maintenant elle veut vous éclairer. pour vous convaincre, elle vous a montré la danse sur la corde raide. pour vous éclairer, elle vous montre son vol dans les cieux.

- Tu sais que moi j'ai la foi ; cette expérience que j'ai voulu faire, c'est afin de convaincre mon mari qui doute maintenant ; que faire pour qu'il redevienne croyant ?

- Lui obéir.

- C'est-à-dire qu'il faut que Charles se prête à toutes les expériences que son père désirera ?

- Oui.

- Mon fils Victor, si incrédule d'abord, croit-il maintenant ?

- Il croira.

- J'ai interrompu ta critique pour te parler de mon mari et de mon fils ; tu n'es pas choquée ?

- La voix de la femme, et surtout de la mère, est la musique terrestre que nous entendons le mieux. La maternité est un nid, nous sommes les oiseaux.

Auguste Vacquerie. - Quand je t'ai dit que Balzac n'avait pas fait seulement les femmes, tu m'as répondu admirablement que le Père Goriot était une mère ; mais Vautrin ?

- Vautrin est le grand déshérité de l'amour, le grand maudit du dévouement. Vautrin est ce qu'il y a de plus tendre dans ce qu'il y a de plus implacable, un coeur de père sous une casaque de galérien. Il a été rejeté par la loi, il s'en venge en remplaçant la nature. Il est rayé du nombre des hommes, il s'en console en s'ajoutant au nombre des pères. Il était déshérité, il adopte. Vautrin, c'est le paria fait père ; c'est presque autant que le Dieu fait homme.

- Tu faisais de Balzac l'infini dans le mignon, et maintenant du fais de Vautrin presque l'infini dans le grand ?

- Vautrin, c'est en effet le grand, mais il traverse l'oeuvre de Balzac plutôt qu'il ne la remplit. Le caractère général de la Comédie humaine, c'est le monde intime révélé. Balzac c'est le Michel Ange de la miniature.

- Peux-tu rester encore longtemps ?

- Une demi-heure.

- Quand reviendras-tu ?

- Jeudi.

- Quelle heure ?

- Deux heures.

- Parle-nous de Théophile Gautier.

- Bijoutier des mots.

- Parle-nous d'Eugène Sue.

- Tailleur de pierre des idées.

- Tu nous a dit sur Alfred de Musset un mot très spirituel et très juste à ton point de vue. Mais qualifie-nous l'ensemble de son talent.

- Débauché inspiré. Martyr de l'ivresse. Poète de l'orgie. Sage de la folie. Socrate du champagne.

- Un mot sur Alexandre Dumas.

- Valseur littéraire.

- Parle-nous de ses drames.

- Antony est une aurore que Dumas a prise pour de l'or en barre. C'était en effet une barre d'or. Dumas a eu le tort grave d'envoyer son soleil à la monnaie.

Mme Hugo. - Qu'entends-tu par un voyant ?

- Penser, croire, sentir, aimanter l'idée.

- Qu'entends-tu par aimanter l'idée ?

- L'attirer.

- Dis-nous ce que c'est qu'attirer les idées.

- Inexplicable.

- Y a-t-il beaucoup de voyants ?

- Un par siècle.

Auguste Vacquerie. - Tu nous a parlé des romanciers ; tu venais aussi nous parler des critiques. Mais tu nous as dit l'autre fois que les vrais critiques c'étaient les poètes. Qui donc appelles-tu les critiques ?

- Les commentateurs de l'art. Ceux qui ont, non le livre, mais la marge. Les scholiastes du soleil."

(Clos à sept heures et demie).

LES HOMMES POLITIQUES APRES LA MORT

Les hommes politiques célèbres ne seront pas laissés en repos mais, à leur tour, ils seront interrogés. Les séances se dérouleront sur quatre mois, pendant lesquels Marat, Charlotte Corday et Robespierre devront s'exprimer. Nous sommes alors étonnés d'apprendre de la bouche de Charlotte Corday qui assassina Marat dans sa baignoire que la peine de mort sera abolie.

De son côté, l'ascétique Robespierre, le puritain de la guillotine, et le fascinant et monstrueux architecte de la Terreur est interpelé de l'en-deçà de la vie, lui "le Calvin de l'idée", ainsi que Danton, Mirabeau et Marot.

"Du 29 septembre au 8 décembre.

(Ce qui suit n'a plus été dit par les tables chez Victor Hugo, mais chez Edmond Leguevel, proscrit. La personne qui écrivait le procès-verbal, n'y étant pas habituée, a omis dans les premières séances, d'indiquer les dates et les heures).

Présents : Charles Hugo, Leguevel, Mme Leguevel, Durrieu, Théophile Guérin, Vickery.

Charles Hugo et Vickery tiennent la table.

- Qui es-tu ?

- Tyatafia.

- Le mot que tu viens de dire est-il d'une langue à nous connue ?

- Non.

- Est-ce la langue d'un peuple de ce globe ?

- Non.

- Tu es donc un être qui habite une autre planète que la nôtre ?

- Oui.

- Laquelle ?

- Jupiter.

- Les êtres qui habitent Jupiter ont-ils une âme et un corps ? Sont-ils composés comme nous de matière et d'esprit ?

(pas de réponse)

- Sous le rapport métaphysique, les habitants de Jupiter sont-ils aussi avancés que nous ?

- Non.

- Jupiter est-il dont une planète moins heureuse que la nôtre ?

- Oui.

- Selon qu'ils se sont bien ou mal conduits, les êtres humains sont-ils, après leur mort, dans des globes malheureux ou dans des terres heureuses ?

- Oui.

- Y a-t-il, dans Jupiter comme ici, malaise matériel et malaise moral ?

- Oui.

- Y en a-t-il parmi nous qui sommes réunis ici qui iront dans des planètes moins heureuses que celles-ci ?

- X. X.

- Ignores-tu donc comment nous remplirons le reste de notre vie ?

- Oui.

(Agitation de la table. Tournoiement. Xavier Durrieu et Charles tiennent la table).

- Qui es-tu ?

- Morte.

Ton nom ?

- Mère.

- De qui ?

- Il le sait puisqu'il tremble.

- Veux-tu dire de qui tu es la mère ?

- Oui.

- M'aimes-tu ? car moi je t'aime et je pense toujours à toi.

- Oui, ton amour parfume l'air de mon tombeau. C'est une fleur qui boit avec délices les larmes dont tu l'arroses. O mon fils, lutte et souffre. L'exil est compris du tombeau. Le ciel dit à la tombe : je suis la patrie. La tombe dit à l'exil : je suis le ciel.

(Agitation, tournoiement de la table).

- Qui es-tu ?

- Marat.

- Parles-nous.

- Lamartine est un enfant, Thiers un sot, Lacretelle est un crétin, Louis Blanc un penseur, Cabet un rêveur. Le peuple seul est historien. Le fusil est l'outil, les révolutions sont la besogne, l'oeuvre c'est la république universelle. Retroussez vos manches, mes vieux faubourgs ! L'âme de la Bastille triomphe aux

Tuileries. Le spectre reparaît et remplace la statue sur la colonne de la Liberté !

- Es-tu content des républicains de 48 ?

- Non.

- Caractérise-les.

- Républicains au biberon.

- Crois-tu la république prochaine ?

- Oui.

- Dans combien d'années ?

- Deux ans.

- Que penses-tu de la délégation des pouvoirs ?

- Transition nécessaire. L'humanité ne marche qu'à pas lents, les révolutions sont ses bottes de sept lieues. Elle enjambe de temps en temps les Monts-blancs. En 89, elle a franchi le vieux rempart de la monarchie, elle a planté l'étendard de la souveraineté du peuple sur l'autorité démantelée. En 1848, elle a pris le drapeau et elle l'a secoué sur le monde. La poussière tombée de ses plis fructifiera, mais il faut du temps. La prochaine révolution formulera le dogme, la seconde l'appliquera.

- Que penses-tu de Robespierre ?

- Robespierre est le front de la Révolution. Sa tête décolorée, mais lumineuse, rayonne du fond du panier de la guillotine, et en fait le calvaire de l'idée.

- Reviendras-tu ?

- Demain soir.

- Quelle heure ?

- 9 heures.

- Est-il nécessaire que Charles y soit ?

- Oui.

- Sais-tu si Robespierre peut venir ?

- Oui.

- Peut-on voir Charlotte Corday ?

- Oui.

- Quand ?

- Demain.

- Que penses-tu d'elle ?

- V y s h i g

- A-t-on commis une erreur ?

(Pas de réponse. Agitation de la table).

- Qui es-tu ?

- Charlotte Corday.

- Dans la sphère où tu te trouves, comment juges-tu ton action ? Est-ce un crime dans le sens absolu du mot ?

- Non. Erreur.

- Caractérise ton action.

- Fanatisme de l'innocence devant les sacrificateurs du crime. Hécatombe volontaire qui vient sur le bûcher pour étouffer la flamme et qui ne voit pas que cette flamme éclaire le monde.

- Que penses-tu de Marat ?

- Victime qui se fit bourreau.

- Vous voyez-vous dans l'autre monde ?

- Non.

- Pourquoi ?

- Je suis son remords et il est le mien.

- Vous aimez-vous l'un l'autre ?

- Deux plaies saignent, mais leurs lèvres ne se baisent pas.

- As-tu eu un amour dans ta vie ?

- Oui.

- Pour qui ?

- Pour la pitié.

- Un amour terrestre ?

- Non.

- Maintenant que tu connais les hommes de la Révolution, aurais-tu commis ton action ?

- Non.

- Etais-tu républicaine ?

- Oui.

- Trouves-tu la Révolution grande malgré le sang qu'elle a versé ?

- Oui.

- Quel est le sentiment qui pour toi domine la Révolution ?

- La pitié.

- La peine de mort sera-t-elle un des moyens qu'emploiera la révolution prochaine ?

- Non.

- Sera-t-elle terrible pour empêcher le retour des hommes qui voulaient la bâillonner ?

- Oui.

- Que penses-tu de Blanqui ?

- L'eau sanglante de la baignoire de Marat l'a baptisé bourreau.

- Est-ce qu'il jouera un rôle ?

- Oui, il essaiera, mais il échouera.

- Devant qui ou devant quoi ?

- Le bon sens.

- Que penses-tu de Ledru-Rollin ?

- Manche de l'outil-Danton.

(Agitation de la table).

- Qui est là ?

- Robespierre.

- Que penses-tu de Danton ?

- Mirabeau complet.

- En quoi Danton complète-t-il Mirabeau ?

- Par l'échafaud.

- Explique-toi.

- Mirabeau, c'est Danton qui se vend. Danton, c'est Mirabeau qui se dévoue.

- Explique-toi.

- Mourir pour la Révolution, c'est se dévouer. Tuer pour elle, c'est se sacrifier.

- Le patriotisme de Danton a-t-il donc été désintéressé ?

- Oui.

- A-t-il failli sans s'être vendu ainsi qu'on l'a soupçonné ?

- Oui.

- Explique-toi.

- Danton est un orage. L'orage ne fléchit pas pour un rayon d'or qui tombe dans la nuée, il faiblit parce qu'il n'est qu'une force aveugle obéissant à un souffle invisible.

- Que penses-tu de Marat ?

- La gueule du lion dont Danton est la crinière.

- Que penses-tu de Saint-Just ?

- Volonté sévère qui ordonne à la mort et qui lui obéit.

- Que penses-tu d'Hébert ?

- Ongle du lion dont Henriot est la patte.

- Et de Vergniaud ?

- Lyre en prose, mise en vers par Lamartine.

- Et Madame Roland ?

- Charmante sirène de la grande mer de sang."

(Fin de la séance).

VICTOR HUGO, ANNIBAL ET MOISE OU LES REVELATIONS SUPREMES DE L'HISTOIRE DE L'HUMANITE

Toutes les grandes symphonies s'inspirent du mouvement cosmique et tendent vers l'apothéose. La séance du 8 décembre 1853 remplit cette fonction et nous l'avons choisie après un minutieux arbitrage pour clore ce long voyage au pays des morts.

Dans cette séance, Annibal juge Napoléon, il faut se souvenir que Napoléon essaiera de copier l'exemple d'Annibal qui avait traversé les Alpes avec ses éléphants. Après une admirable description de Carthage que l'on voit revivre sous nos yeux, intervient une surprenante révélation : le Basque dériverait du Carthaginois. De quoi satisfaire les linguistes fort embarrassés par les origines de cette langue tout autant que par l'écriture de l'Ile Lemnos où trône le dieu de la forge Héphaïstos, le Vulcain des Latins.

Moïse remplace ensuite Annibal et nous nous acheminons vers les hauts sommets de la révélation des Tables de la Loi, dont le secret repose au fond de l'Arche d'Alliance ; les oracles de Delphes (Le haut lieu d'Apollon) et d'Epidaure (celui d'Asclépios) nous emmènent alors vers le secret de l'après-mort.

Mais enfin qu'est-ce donc que l'âme ? L'admirable réponse vient alors nous illuminer : "La tombe est l'arche de Noé des âmes".

Nous voici revenus chez Victor Hugo, il est 10 heures et demie du soir et nous sommes le 8 décembre 1853.

"Présents : Mme Victor Hugo, Mlle Hugo, MM. Victor Hugo, Charles et François-Victor Hugo, Vacquerie, Téléki, Guérin, Barbieux et Xavier Durrieu.

Guérin et Téléki tiennent la table.

- Qui est là ?

- Annibal.

Victor Hugo. - Est-ce le vrai Annibal ?

(Pas de réponse).

- Es-tu gêné ?

- Oui.

- Par quelqu'un ?

- Oui.

- Par qui ?

- B s i l a c d e.

- Dis-nous donc par qui ?

- Téléki.

- Qui veux-tu pour le remplacer ?

- Charles Hugo.

(Charles se met à la table).

Victor Hugo. - Es-tu le grand Annibal ?

- R. r.

Charles Hugo. - Es-tu le même que celui qui a parlé au commencement ?

- Oui.

Victor Hugo. - Es-tu le grand Annibal ?

- R.

Charles Hugo. - Est-ce une chose qui te gêne ?

- Oui.

- Quoi ?

- Tapis.

(La table est sur un tapis).

- Pourquoi ?

- Capoue.

- Cela te rappelle Capoue ?

- Oui.

- Consentiras-tu à parler dans cette pièce ?

- Non.

- Veux-tu t'en aller ?

- Non.

Victor Hugo. - Comment ce pauvre tapis peut-il rappeler Capoue ? Cela n'est pas sérieux. Veux-tu causer avec nous malgré le tapis ?

- Non.

(On se rend dans l'atelier où il n'y a pas de tapis).

Victor Hugo. - Es-tu toujours là, Annibal ?

- Oui.

Victor Hugo. - Napoléon a dit que tu étais le plus grand capitaine de l'antiquité, il te met au-dessus d'Alexandre et de César, parce que tu avais sacrifié la moitié de ton armée à conquérir ton champ de bataille, et que tu l'avais conservé pendant quinze ans malgré les légions de Rome et de Carthage. Que penses-tu, toi, de Napoléon ?

- Dux maximus post victoriam, minimus post claden (1).

Victor Hugo. - S'il m'était permis d'exprimer vis-à-vis de toi mon avis en matière militaire, je te dirais que je ne crois pas que Napoléon fût petit après la défaite. Après Moscou, où il fut plutôt vaincu par l'hiver que par l'ennemi, il avait conservé tout son calme ; il voulait rassembler toutes ses ressources pour réparer ce grand désastre et, dans ce but, il improvisa une armée.

- Dixi ducem, non virum. Victus à hyeme, dux magnus non fugit, moritur. Mors suprema victoria (2).

Victor Hugo. - Tu marques la différence entre le grand homme et le grand capitaine. Celui-ci meurt. Le grand homme survit pour réparer le désastre. Veux-tu me répondre en français pour te faire comprendre de tout le monde ?

- Oui.

- Parle.

- Napoléon vaincu, c'est Napoléon égoïste. Vainqueur, il pense à la France ; vaincu il pense à lui. Moscou le fait réfléchir aux Tuileries. Austerlitz le fait songer à la France. Napoléon vaincu, c'est le génie fuyard qui se réfugie sous une couronne au lieu d'abdiquer sous une auréole. Cette abdication, c'est la mort.

1. Chef le plus grand après la victoire, le plus petit après l'échec.

2. J'ai dit le chef, non l'homme. Vaincu par l'hiver, le grand chef ne fuit pas, il meurt. Mort, suprême victoire.

Victor Hugo. - Il est un point d'histoire que tu pourrais éclaircir. Une des légions romaines qui combattaient à Cannes a laissé un monument sur lequel on lit à peu près : leg... fulminal... Une tradition raconte que les aigles d'une légion romaine avaient été frappés de la foudre. L'inscription est-elle expliquée par la tradition ? Faut-il lire fulminata ou fulminatrix ?

(Refus de répondre à la question posée ainsi).

- Alors parle de toi-même.

- La pierre ment, le bronze ment, le marbre blasphème. La boue a raison. César, Alexandre, Charlemagne, Annibal, mensonges ! Les Bonaparte, vérité !

Victor Hugo. - Napoléon à Sainte-Hélène se rappelait les numéros de ses demi-brigades. Comme on s'étonnait de cet effort de mémoire, il répondit : "Oublie-t-on les noms de ses anciennes maîtresses ?". Napoléon se souvenait de ceux qu'il avait commandés. Tu dois te souvenir, toi, de ceux que tu as vaincus. Parmi les légions vaincues à Cannes, il y en avait une qui se nommait Fulminatrix ou Fulminata.

- Trix.

Victor Hugo. - Dis-nous les noms des légions romaines qui ont pris part à la bataille de Cannes.

- Vindicatrix (3), prima ; secunda, victrix (4) ; fulminatrix (5), tertia ; fulgurans (6), quarta ; vorax (7), quinta ; sexta, vultur (8) ; maxima, et ultima, (mot illisible).

Victor Hugo. - Peux-tu nous faire le dénombrement des légions ou des troupes de Carthage qui prenaient part à cette bataille ?

- Oui.

- Comment les nommait-on ?

- Fasces (9).

- Combien y avait-il de Fasces ?

- Tres.

- Chacune d'elles était-elle composée d'infanterie et de cavalerie ?

- Oui.

- Dis-nous ces noms.

---

3. Vengeresse.
4. Victorieuse.
5. Foudroyante.
6. Eclair.
7. Vorace.
8. Vautour.
9. Faisceau.

- Fides, ultio, patria (10).

Charles Hugo. - Toi qui es la personnification du serment tenu, veux-tu nous dire ton opinion sur celui qui en représente aujourd'hui la violation à la face du monde ?

- Oui.

- Parle en français.

- J'ai usé ma haine à tenir mon serment ; lui, il a brisé son serment à servir sa haine. Moi je suis l'archange d'une patrie qui se venge, lui il est le satan d'un peuple qui se dévoue. Moi, je suis le serment ailé qui emporte un monde ; lui, il est le serment masqué qui escamote un peuple. Je suis l'oiseau du serment, il en est le jongleur.

Victor Hugo. - Carthage n'a plus aujourd'hui d'histoire. Rome l'a effacée de la surface du monde. Toi seul peux nous dire ce que c'était que Carthage. Le veux-tu ?

- C'était une cité géante. Elle avait soixante lieues de tour, six mille temples, dont trois mille en marbre, deux mille en porphyre, six cents en albâtre, trois cents en jaspe, cinquante en stuc, quarante-cinq en ivoire, quatre en argent et un en or. Les rues avaient trois cents pieds de large, elles étaient pavées de marbre et couvertes de lampes parfumées, des éléphants blancs chargés de tours passaient dans les rues avec des chanteurs et des

10. Foi, Vengeance, Patrie.

danseuses. L'air était si embaumé et si harmonieux que les fleurs et les oiseaux n'y mouraient jamais. Carthage avait trente mille vaisseaux, six cents forteresses, cent mille chevaux, douze mille éléphants, cent millions de talents par an, et Annibal.

Victor Hugo. - Veux-tu nous dire les noms des quatre temples à mesure en latin. D'abord les noms des temples en argent ?

- Premier temple, en carthaginois Bocanar, en latin Sol. - Second temple, Derimos, en latin Luna. - Troisième, Jarimis, en latin Dies. - Quatrième, Mossomba, en latin Nox.

- Dis-nous maintenant le nom du temple d'or.

- En carthaginois : Illisaga ; en latin : Lux.

- Nous trouvons dans Plaute des vers puniques. L'abbé Elicagaray a prétendu que ces vers avaient de grands rapports avec le basque. La langue punique et la langue basque seraient-elles au fond la même langue ?

- Oui.

- Il est donc certain que le basque dérive du carthaginois ?

- Oui.

Mme Hugo. - Veux-tu répondre à une question que je vais écrire ?

- Oui.

(Mme Hugo écrit sa question sans le montrer à personne).

- Parle.

- Crois à ceci. Tu verras ceux que tu désires, et tous croiront. L'âme vient à la voix de l'âme.

Mme Hugo. - Voici ma question : est-ce parce que tu parlais à un poète que tu as fait cette description de Carthage ? Tu n'as nullement répondu à ma question.

- Je n'ai pas décrit Carthage, il fallait questionner Annibal.

- Tu n'es donc plus Annibal ? Qui es-tu ?

- Moïse.

Mme Hugo. - Charles doit-il m'obéir, quand je lui demande à interroger la table ?

- Oui.

Charles Hugo. - Nous avions un rendez-vous avec toi à neuf heures et nous y avons manqué. Nous te prions de nous pardonner. Acceptes-tu nos excuses ?

- Oui.

(Sortent Victor Hugo, François-Victor et Vacquerie. Mme Hugo, Mlle Hugo et Durrieu à la table).

- Est-ce toujours Moïse ?

- Oui.

Durrieu. - Je t'ai demandé l'autre soir si cette révélation des tables n'avait rien de commun avec les miracles et les prodiges antiques, avec les oracles de Delphes, de Cannes, d'Epidaure, etc... Veux-tu répondre à la question ?

- Oui.

- Parle.

(Ici Charles remplace Mme et Mlle Hugo).

- Tu touches le trépied antique. Dieu parle éternellement à l'homme par la voix des révélations. La première révélation a été la nature, la seconde a été la conscience, la troisième a été le miracle. Quand la conscience et la nature ne sont plus écoutées, le miracle parle : trépieds, magie, alchimie, révélations confuses qui commandent à l'imagination lorsque la raison n'obéit plus. Lorsque l'homme chasse Dieu de sa maison, il se fait un tremblement de conscience et la matière indignée contre l'âme rebelle se dresse, ordonne, et l'âme obéit.

Durrieu. - Peut-on inférer de ta réponse que la voix des révélations confuses s'est fait entendre dans les temples antiques ?

- Oui.

- Mais n'est-il pas à croire que les oracles ont été dénaturés par les prêtres et par les tyrans, leurs complices ?

- Oui.

- Mais, au fond, il y avait dans ces oracles une portion de la vérité conservée par les initiations célèbres dont l'histoire a consacré le souvenir ?

- Oui.

- Veux-tu parler sur cette question ?

- Oui.

- Parle.

- La vérité absolue n'apparaît à l'homme qu'après la mort. L'humanité a toujours besoin de vérité. Quand l'ombre l'enveloppe, il lui suffit de peu de lumière. La vérité alors est mêlée d'erreurs et elle est à son aube. A mesure que le regard humain s'élargit, la lumière augmente. Vous êtes dans le plein jour : contemplez. Vous êtes dans la vérité : croyez !

- Ces révélations dont tu nous parles sont-elles des voix permanentes, des lois éternelles de la nature et de l'humanité ?

- Non.

- Ces voix ne se font donc entendre qu'à certaines époques ?

- Oui.

- A l'avenir se feront-elles toujours entendre ?

- Non.

- Y a-t-il longtemps que cette révélation dont nous sommes aujourd'hui les témoins a commencé ?

- Le faux miracle a provoqué le vrai. Le catholicisme faisait remuer les yeux à des vierges, Judas faisait pleurer Jésus, la vérité a voulu souffleter le mensonge. Elle a mis sa mort sur la tête des scribes ; la table s'est lentement soulevée et l'encrier des iniquités est tombé dans l'abîme.

- Combien de temps durera cette révélation des tables ?

(Refus de répondre).

Durrieu. - Nous comprenons parfaitement que Jésus, Moïse, Socrate, J.J. Rousseau viennent nous parler de Dieu, de vertu, de conscience. Mais pourquoi est-il permis au marquis de Sade et à d'autres esprits de se mettre en communication avec nous pour nous dire des choses complètement frivoles ?

- Le monde des âmes est infini comme celui des corps, le rire et le cynisme y font leur grimace pendant que l'amour et la pensée y font leur prière. Triboulet y rit dans l'ombre, Socrate y rêve dans la lumière, Caïn y grince des dents. Saint Augustin y tombe à genoux, le marquis de Sade y blasphème dans la nuit, Jésus y prie dans l'azur. La tombe est l'arche de Noé des âmes.

- Mais pourquoi est-il permis au marquis de Sade et aux autres esprits dont je t'ai parlé en dernier de se mettre en communication avec nous ?

- Triboulet a péché en riant, il a été condamné à rire. Le marquis de Sade a péché en blasphémant, il est rivé à son blasphème. Judas a péché en trahissant, il est prisonnier de sa trahison. Caïn a péché en tuant son frère, il est au carcan dans son meurtre.

- Ce châtiment sera-t-il éternel ?

- Tous ces criminels se transfigureront lentement et deviendront des justes. Le rayonnement lointain de Dieu fondra ces coeurs de glace, et leurs crimes s'écouleront en avalanches dans l'abîme du pardon divin.

- Mais dès maintenant ils se repentent déjà ?

- Oui.

Mme Hugo. - Quand nous interrogeons la table en l'absence de Charles elle frappe, mais des lettres sans liaison et qui ne font que des mots. Pourquoi ? Qui donc alors est dans la table ? Sont-ce des illusions ou des esprits taquins ?

- Ce ne sont pas des illusions, ce sont des âmes muettes.

- Muettes ? Pourquoi ?

- Elles ne peuvent parler.

- Pourquoi ?

- Elles n'ont fait que naître et mourir.

Durrieu. - Cette nouvelle révélation doit-elle s'incarner dans un homme, comme la première sous le nom de Moïse, et la seconde sous le nom de Jésus ?

- Oui.

Charles Hugo. - Veux-tu nous dire le nom de cet homme ?

- Non.

- Vit-il dans la génération à laquelle nous appartenons ?

- Non.

- Le verrons-nous de notre vivant ?

- Non.

(Agitation de la table. Elle se balance alternativement et en cadence sur chaque pied. On dirait d'un pas de danse.)

- Qui est là ?

- Vestris.

Charles Hugo. - Quelle est la danseuse que tu préfères parmi les danseuses d'aujourd'hui ?

- Carlotta Grisi.

(La table répond en se portant toujours d'un pied sur l'autre.)

Charles Hugo. - Donne-nous une définition de la danse.

- C'est la musique de la beauté.

- Danses-tu toujours dans l'autre vie ?

- J'avais mes pieds, j'ai refusé des ailes.

(Agitation de la table)

- Qui es-tu ?

- Aristote.

Durrieu. - Veux-tu me faire le plaisir de venir demain après Socrate ?

- Non.

- Quel jour veux-tu venir ?

- Samedi prochain, huit heures du soir.

(Nouvelle agitation)

- Qui es-tu ?

- Cagliostro. (11)

- L'heure est trop avancée pour que nous te parlions aujourd'hui.

(La table fait, pendant cette observation, des mouvements tellement violents qu'il est impossible de la faire retomber quand elle est debout.)".

(Clos à six heures et demie du matin).

Ainsi se termine ce long voyage au pays de l'après-mort. Victor Hugo poète, prophète et visionnaire nous interroge sur notre propre au-delà, aussi avons-nous décidé, de convier à notre tour le grand poète au tribunal du Destin. De quelle façon ? Par la main de Fatime. Nous avons choisi ce procédé divinatoire appuyé sur la Kabbale et la numérologie pour laisser un dernier message aux portes de l'Invisible.

---

11. Se reporter à notre ouvrage sur Cagliostro et le mystère du Chandelier à sept branches, aux Ed. de NEUSTRIE.

EN GUISE D'EPILOGUE

VICTOR HUGO EN PROCES AU TRIBUNAL DE LA MAIN DE FATIME, COMPARUTION DEVANT LA KABBALE ET LES NOMBRES.

Une Clef de la Kabbale Orientale

La Main de Fatime

Joseph Balsamo, comte Cagliostro, naquit à Palerme en 1713, visita l'Egypte, l'Arabie, la Perse, Malte, Rhodes, les îles de l'Archipel et Rome, et partout il acquit des sciences qui lui assurèrent une réputation colossale dans l'art des oracles.

Il mourut au château de Saint-Léon en 1795, et c'est là, dans un vieux manuscrit, qu'il a laissé cet oracle : la Main de Fatime, dès longtemps en usage chez les peuples de l'Orient et inconnu cependant jusqu'à ces derniers temps. Voici, d'après l'Orientalisme, la traduction de cet oracle ainsi retrouvé :

Cet oracle se divise en deux parties : 1ᵉ la Main de Fatime, ou clef des nombres individuels qui servent à déterminer, d'une façon très exacte, le caractère, le tempérament, les aptitudes d'une personne ; 2ᵉ le Double Zodiaque, clef de l'avenir qui sert à soulever le voile de l'avenir et à plonger ses regards dans les gouffres de la destinée. Ce Double Zodiaque est la partie de la figure formée de deux cercles concentriques et placée au-dessous de la Main de Fatime, dont elle est séparée par un double trait.

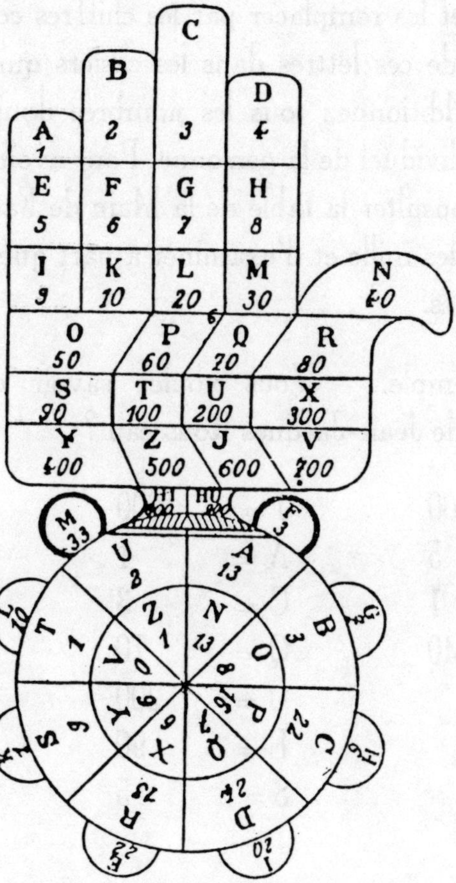

LA MAIN DE FATIME

Explication : 1e La Main de Fatime. - Pour connaître le caractère, les aptitudes, le tempérament d'une personne à l'aide de cet oracle, prendre chacune des lettres du nom et prénom de la personne, et les remplacer par les chiffres correspondants inscrits en regard de ces lettres dans les casiers qui divisent la main de Fatime. Additionnez tous les nombres donnés et vous aurez le nombre individuel de la personne. Pour avoir la signification de ce nombre, consulter la table de la Main de Fatime en observant de supprimer les mille et d'examiner à part quelle est la signification des centaines.

Exemple. - Vous voulez savoir quel est le nombre individuel de Jean-Jacques Rousseau ?

J =	600	J =	600	R =	80
E =	5	A =	1	O =	50
A =	1	C =	3	U =	200
N =	40	Q =	70	S =	90
		U =	200	S =	90
		E =	90	E =	5
		S =	5	A =	1
				U =	200
	646		969		716

Total : 2,331

Le total étant 2,331, je supprime les 2.000 et conserve seulement 331 qui me donnent à la table : Foi ardente, philosophe, pour 300, amour de la gloire, pour 31, ce qui rend en effet le caractère de l'homme.

Si le nom donnait un nombre qui ne se trouvât pas à la table ou qui fût marqué "nul", il faudrait le décomposer par centaines, par dizaines et unités. Le nom de César, par exemple, donne 179. On trouve :

100 = Faveurs, honneurs, gloire ; 70 = Amour de la science.

9 = Imperfections et douleurs, peines, attentat.

Pour Napoléon Bonaparte on trouve 804.800 = Empire, gloire, exil ; 4 = Témérité, largesse, puissance.

TABLE DES REPONSES

1 Passion, ambition, ardeur.
2 Destruction, mort, catastrophe.
3 Mysticisme, amour platonique, rêverie.
4 Témérité, largesse, puissance.
5 Bonheur, fortune, mariage.
6 Perfection, travail.
7 Pureté des sentiments, contemplation.
8 Amour de la justice, honnêteté.
9 Imperfections et douleurs, peines, attentat.
10 Accomplissement, raison, bonheur futur.

11 Défauts nombreux, réussites douloureuses.
12 Porte-bonheur, heureux présage.
13 Impiété, cynisme.
14 Dévoué jusqu'au sacrifice.
15 Croyance, idéal.
16 Bonheur, volupté, amour.
17 Inconstant, volage.
18 Entêtement, incorrigible.
19 Nul.
20 Tristesse, austérité.
21 Brutalité, violence.
22 Invention, prudence, mystère.
23 Calamité, vengeance.
24 Indifférence, égoïsme.
25 Intelligence, naissances nombreuses.
26 Aime à se rendre utile.
27 Fermeté, courage.
28 Faveurs, tendresse, amour.
29 Nul.
30 Noces, célébrités.
31 Ambition, gloire.
32 Hymen, chasteté.
33 Conduite exemplaire.
34 Souffrances, peines.
35 Harmonie spirituelle et corporelle, santé.
36 Grand génie, vastes conceptions.
37 Douces vertus, amours conjugales.
38 Imperfection, avarice, envie.

39 Nul.
40 Fêtes, festins, plaisirs.
41 Sans valeur morale ou physique.
42 Voyages, vie malheureuse et courte.
43 Cérémonies religieuses, apostolat.
44 Pouvoirs, pompe, honneurs.
45 Conception, nombreuse postérité.
46 Vie champêtre, abondance, fertilité.
47 Vie heureuse et longue, exempte de soucis.
48 Tribunal, jugement, ruine.
49 Nul.
50 Captivité puis liberté, bonheur.
60 Veuvage.
70 Amour de la science.
73 Aime la nature, peu l'artifice.
75 Sensibilité, affection, charité.
77 Repentir, grâce finale.
80 Maladie, guérison, longue existence.
81 Beaux-arts, culture intellectuelle.
90 Peu clairvoyant, erreur, affliction.
100 Faveurs, honneurs, gloire.
120 Bon époux, fervent patriote.
150 Flatterie, hypocrisie.
200 Irrésolution.
215 Calamité.
300 Foi ardente, philosophie.
313 Clairvoyance, lucidité.
350 Naïveté, espoir dans la justice.

360 Sociabilité, talents nombreux.
365 Calcul, intérêts, égoïsme.
400 Art, amour, emportement.
490 Cloître, ferveur, mystère.
500 Election, honneurs, statue.
600 Victime de l'envie, succès, catastrophe.
666 Cabale, complot, effondrement social.
700 Force, vigueur, santé.
800 Empire, gloire, exil.
900 Guerrier valeureux, croix, décorations.
1000 Ambition.
1095 Voué à la persécution, martyr.
1260 Tourments, consolation dans la vieillesse.
1390 Faiblesse physique, énergie morale.

C'est grâce aux savants travaux du Capitaine Franlac publiés en 1902 que nous avons pu reconstituer ce grand puzzle des lettres et des nombres qui marquent notre destin au regard de la numérologie.

Ayant commis la lourde faute qui nous a permis d'écrire ce livre, le poète mérite d'être mis en procès ; essayons alors de nous projeter dans un tribunal imaginaire, hors de l'espace et du temps, après la mort.

Victor Hugo n'est présent que dans son corps de lumière, son visage, sa barbe, ses cheveux d'un blanc ivoire flottent dans un grand nimbe.

Au fond du prétoire, une immense Main de Fatime qui ressemble étrangement à une main de Gloire, du centre de cette main sort une voix magnétique :

- Accusé, levez-vous ! Je vous accuse d'avoir interrogé la Table et troublé le sommeil des morts. Je vous condamne à subir l'épreuve des nombres. Examinons d'abord ce que nous disent les Nombres sur votre individualité profonde :

V =	700	H =	8
I =	9	U =	200
C =	3	G =	7
T =	100	O =	50
O =	50		
R =	80		
	942		265

Total : 1 207

Que nous apprennent les nombres ?

1000 : l'ambition.
200 : l'irrésolution (changement d'idéologie sur le plan des idées politiques, du monarchisme au socialisme)
7 : Pureté de sentiments, contemplation.

Penchons-nous maintenant sur votre destin, ce destin prodigieux qui vous laisse une voix après la mort.

V =	0	H =	6
I =	20	U =	2
C =	22	G =	7
T =	1	O =	8
O =	8		
R =	13		
	64		23

Maintenant, revenons pour quelques instants sur votre destin, quels sont les chiffres ?

64 + 23 = 87 = 80 + 7

80 : maladie, guérison, longue existence.

7 : pureté des sentiments, contemplation.

Voici un dernier terme qui vous fut cher.

Maintenant reposez en paix, grand homme :

Que la paix règne sur vos cendres pour l'Eternité.

- TABLE DES MATIERES -

Achevé d'imprimer le 18 mai 1987
dans les ateliers de Normandie Impression S.A.
à Alençon (Orne)
N° d'imprimeur : 870815
Dépôt légal : mai 1987